RECHERCHES

SUR

LA NATURE ET LES CAUSES

DE LA

RICHESSE DES NATIONS.

RECHERCHES

SUR

LA NATURE ET LES CAUSES

DE LA

RICHESSE DES NATIONS,

Traduites de l'Anglois de M. Smith, sur la quatrième Edition.

PAR M. ROUCHER;

Et suivies d'un volume de Notes, par M. le Marquis de Condorcet, de l'Académie Françoise, et Secrétaire perpétuel de l'Académie des Sciences.

TOME SECOND.

A PARIS,

Chez Buisson, Libraire, rue Haute-Feuille, Hôtel de Coetlosquet, N° 20.

1790.

RECHERCHES

SUR

LA NATURE ET LES CAUSES

DE LA

RICHESSE DES NATIONS.

INTRODUCTION.

Dans cet état grossier et barbare, où la division du travail n'est pas connue encore, où les échanges sont rares, et où chaque homme n'a que lui-même pour fournir à tous ses besoins, il n'est pas nécessaire à la marche des affaires générales de la société qu'il existe des fonds accumulés, ou amassés d'avance. Chacun cherche dans sa propre industrie les moyens de répondre à ses nécessités momentanées, à mesure qu'elles naissent et se font sentir à lui. S'il a faim, il va chasser dans la forêt ; son habit est-il usé ? il s'en fait lui-même un autre de la peau du premier animal qu'il tue : et quand

Tome II.   A

sa hutte commence à tomber en ruine, il la répare de son mieux avec les arbres et les gazons qu'il trouve sous sa main.

Mais une fois la division du travail parfaitement établie, le produit de l'ouvrage d'un homme ne satisfait plus qu'à une très petite partie de ses besoins accidentels. Le produit de l'ouvrage des autres lui devient nécessaire, et il ne se le procure qu'en l'achetant avec le produit, ou, ce qui est la même chose, avec le prix du produit de son propre travail. Mais pour effectuer cet achat, il ne lui suffit pas que son travail soit achevé, il faut encore qu'il soit vendu. Il doit donc exister pour lui quelque part comme une espèce de magasin de différentes marchandises, qui, suffisant pour l'entretenir, lui fournisse encore et la matière et les outils de son ouvrage, du moins jusqu'au tems de la vente. Un tisserand ne sauroit se livrer entièrement à son métier, s'il n'a, soit dans ses mains, soit dans celles d'autrui, un fonds où il trouve avec sa subsistance les matériaux qu'il travaille et les instrumens qu'il emploie, jusqu'au moment où sa toile sera tout ensemble achevée et vendue. Cet amas préalable de fonds lui est donc nécessaire pour occuper son industrie

particulière pendant un aussi long espace de
tems.

Comme l'accumulation des fonds doit,
selon la nature des choses, précéder la division du travail, ainsi le travail lui - même
ne peut se diviser de plus en plus qu'en
proportion de l'accroissement préalable des
fonds de plus en plus accumulés. La quantité de matière que le même nombre de personnes peut travailler augmente dans une
grande proportion, à mesure que le travail
se subdivise davantage ; et comme les opérations de chaque ouvrier arrivent par degrés à une plus grande simplicité, on parvient enfin à inventer des machines qui
rendent chacune de ses opérations et plus
facile et plus prompte. Aussi plus la division du travail fait de progrès, et plus, si
l'on veut employer constamment le même
nombre de bras, faut-il accumuler d'avance
et un fonds égal de subsistances, et un fonds
de matières et d'instrumens supérieurs à celui qu'auroit exigé la nature des choses dans
un état de société moins avancé. Mais, dans
chaque branche d'occupation, le nombre
des ouvriers augmente à mesure que le travail s'y subdivise davantage ; ou plutôt, c'est
parcequ'ils y deviennent plus nombreux,

qu'on les voit d'eux - mêmes se distribuer
ainsi en classes multipliées.

Mais c'est peu de dire que l'accumulation préalable des fonds est nécessaire à ce
grand développement des forces productrices
du travail ; il faut ajouter qu'elle mène à ces
progrès , par sa nature : quiconque emploie
ses fonds à faire travailler desire nécessairement une manière de les employer qui produise la quantité de travail la plus grande
possible. Il cherche donc à faire entre ses
ouvriers la distribution de travail la plus
convenable , et veut les fournir des machines les meilleures , qu'on puisse inventer
ou acheter. L'habileté sur ces deux objets
est en général proportionnée à l'étendue des
fonds , ou au nombre des bras qu'on peut
occuper ; ainsi donc l'industrie dans chaque
contrée non seulement augmente en proportion de l'accroissement des fonds , qui
la mettent en activité ; mais , en conséquence
de cet accroissement , elle produit avec les
mêmes forces une plus grande quantité d'ouvrage.

Tels sont en général les effets de l'augmentation des fonds sur l'industrie et sur
ses forces productrices.

Dans le deuxieme livre j'essaie d'expliquer la nature des fonds, les effets de leur accumulation en capitaux de différentes espèces, et les effets des différens em lois de ces capitaux. Ce sujet m'a fourni la matière de cinq chapitres. On verra dans le premier les parties, ou les branches différentes entre lesquelles les fonds, soit d'un individu, soit d'une grande société, vont se distribuer d'eux-mêmes. Dans le second, j'explique la nature et l'action de l'argent considéré comme branche particulière du fonds général de la société. Et comme les fonds accumulés en capitaux peuvent être employés, soit par la personne à laquelle ils appartiennent, soit par tout autre individu auquel on les prête, j'examine dans les troisième et quatrième chapitres la manière dont les fonds agissent dans ces deux situations. Le cinquième et dernier chapitre traite enfin des différens effets que les divers emplois du capital produisent immédiatement sur la somme et de l'industrie nationale, et du produit annuel de la terre et du travail.

LIVRE DEUXIÈME.

DE LA NATURE, DE L'ACCUMULATION ET DE L'EMPLOI DES FONDS.

CHAPITRE PREMIER.

De la division des fonds.

QUAND un homme n'a des fonds que pour subsister quelques jours ou quelques semaines, rarement pense-t-il à s'en faire un revenu ; il les dépense avec le plus d'économie possible, et cherche dans le fruit de son travail à les remplacer avant qu'ils soient entièrement dépensés ; alors son revenu ne vient que de son travail. Telle est dans tous les pays la destinée du plus grand nombre des ouvriers.

Mais s'il possède des fonds qui suffisent à l'entretenir durant plusieurs mois ou plusieurs années, il cherche naturellement à se faire un revenu de la plus grande partie de ses fonds ; ne s'en réservant, pour sa dépense personnelle, que la portion nécessaire à sa subsistance, jusqu'au jour où ce revenu doit arriver dans ses mains. La totalité de ses fonds se distribue donc en deux parties : la première, qu'il attend comme formant son revenu, est appellée son capital ; la deuxième, qui fournit à sa consommation personnelle, se forme, ou de cette portion de tous ses fonds, qu'il destine à cet usage, ou de son revenu à mesure qu'il le touche de quelque source qu'il vienne, ou des choses, qu'à l'aide de son fonds de réserve, il acheta dans le cours des années précédentes, et qu'il n'a pas encore entièrement consommées, comme des habits, des meubles, etc. C'est en effet dans l'un ou dans l'autre de ces trois articles, ou même dans tous les trois ensemble, que consistent les fonds réservés communément par tous les hommes, pour leur consommation immédiate et personnelle.

Il est deux manières d'employer un capital, pour qui veut en retirer un revenu ou un bénéfice.

Premièrement, on peut le destiner à produire, à manufacturer, à acheter des marchandises, pour les vendre ensuite à profit. Ainsi employé, il ne donne aucun revenu,

A iv

aucun bénéfice, tandis que, sous la même forme, il reste dans les mains de son possesseur. En effet, les marchandises du négociant ne lui rapportent rien jusqu'au moment où il les cède pour de l'argent; et cet argent ne lui rapporte pas davantage jusqu'à ce qu'il l'ait échangé contre des marchandises. Son capital sort continuellement de ses mains sous une forme, et y rentre sans cesse sous une autre; c'est par cette circulation, par ces échanges successifs, qu'il le met en valeur : ces sortes de capitaux peuvent donc être appellés proprement CAPITAUX CIRCULANS.

Secondement, on peut le faire servir à l'amelioration de la terre, à l'achat des machines et des instrumens dont les métiers ont besoin, en un mot, à tout ce qui profite ou donne un revenu, sans qu'il soit nécessaire pour cet effet qu'il circule et change de maître : ces capitaux peuvent donc être appellés CAPITAUX FIXES.

La proportion entre les capitaux fixes et circulans qu'exigent les diverses déstinations qu'on leur donne, ne sauroit être la même pour tous les emplois.

Dans le commerce, le marchand dirige un capital qui est tout entier en circulation;

il n'a besoin d'aucune machine, d'aucun instrument de métier, à moins que sous cette dénomination on ne comprenne sa boutique et ses magasins.

Dans les .arts mécaniques, un maître doit fixer par l'achat de ses instrumens une partie de son capital. Cependant, selon la diversité des métiers, cette partie est quelquefois plus, quelquefois moins considérable. Un tailleur, pour tout instrument, n'a besoin que d'aiguilles; le cordonnier dépense davantage en instrumens, mais dépense fort peu : néanmoins la plus grande partie du capital de ces artisans circule, soit dans le salaire de leurs ouvriers, soit dans le prix de leurs matières, et rentre dans leurs mains avec un profit qui naît de leur travail.

D'autres ouvrages exigent un capital fixe bien plus important. Dans une forge considérable, le fourneau nécessaire à la fonte du minerai, la forge, le moulin de la fonderie, sont des instrumens qu'on ne peut établir sans de grandes dépenses. Les mines, soit de charbon, soit de toute autre espèce, veulent pour l'épuisement de l'eau et pour d'autres usages, des machines souvent plus coûteuses encore.

La partie du capital que le fermier dépense en instrumens d'agriculture, est un capital fixe; celle qu'il destine au salaire et à l'entretien de ses ouvriers et de ses domestiques, est un capital circulant. Il se désaisit de celle-ci, il garde celle-là, et se fait un profit de toutes les deux. Le prix, ou la valeur de ses animaux de labour, est un capital fixe, parcequ'ils rentrent dans la classe des instrumens d'agriculture; et leur entretien est un capital circulant, parceque leur dépense journalière les range parmi les ouvriers et les domestiques : le fermier se fait donc un profit de ses animaux labourans, et parcequ'il les garde et parcequ'il se désaisit de leur nourriture.

Le prix et l'entretien du bétail qu'on achète et qu'on engraisse, non pour le faire travailler, mais pour le vendre, forment un capital circulant : le fermier se fait un profit en s'en désaisissant.

Un troupeau de brebis ou de vaches dans un pays où l'on fait des élèves, non pour les destiner au labour ou pour les vendre, mais pour tirer un bénéfice de leur laine, de leur lait et de leur fécondité, est un capital fixe ; on n'en profite que parcequ'on les garde ; leur entretien est donc un capital circulant : il faut s'en désaisir pour s'en faire un bénéfice, et ce capital revient accru et du bénéfice qu'il a donné, et de celui que, dans la valeur totale du bétail, on a trouvé sur le prix de la laine, du lait et de la fécondité.

Toute la valeur de la semence est aussi un capital fixe : quoiqu'elle aille et vienne de la terre au grenier, elle ne change pas de maître, et par conséquent ne circule pas à proprement parler ; si le fermier y trouve du bénéfice, ce n'est pas en la vendant, mais en la faisant multiplier. Le fonds général d'une société particulière, ou d'un pays tout entier, est le même que celui de tous les membres et de tous les habitans : aussi se divise-t-il naturellement en trois parties, dont chacune, avec des fonctions particulières et un emploi séparé, suit des proportions différentes.

La PREMIERE des trois parties, entre lesquelles se distribue le fonds général de la société, se forme de ce qu'on réserve à la consommation immédiate ; et son caractère distinctif est de ne rapporter ni revenu, ni bénéfice. Elle se retrouve dans ce fonds de vivres, d'habits, de meubles, etc., qui, achetés par les consommateurs, ne sont pas encore entièrement consommés. Les fonds placés dans une maison de campagne, où l'on n'habite que momentanément, font une portion de cette première partie; car on ne sauroit regarder cette demeure comme un capital, puisqu'elle ne fournit aucun revenu à son propriétaire : elle n'augmente en rien celui dont il jouit; et quoiqu'elle soit pour lui sans doute d'une grande utilité, néanmoins il doit la ranger dans la classe de ses habits et de ses meubles, qui font une partie de sa dépense et non pas de son revenu. S'il donne cette maison à loyer, comme elle ne produit rien par elle-même, il faut que le locataire en paie toujours la rente sur quelque autre revenu qu'il tire, ou de son travail, ou de ses fonds, ou de la terre : ainsi, quoiqu'une maison puisse produire un revenu à son propriétaire, et lui servir par-là même comme d'un capital, elle n'en est pas un pour le public, à qui elle ne peut en tenir lieu, puisque le revenu de tout le corps de la société n'en reçoit jamais la moindre augmentation.

Quelquefois les habits et les meubles produisent un revenu, et servent de capital à certaines personnes. Dans les pays où les

mascarades sont en usage, c'est un métier
que de louer des habits de masque pour une
nuit. Les tapissiers louent souvent des meubles au mois et à l'année. Des entrepreneurs
louent ce qu'il faut pour l'appareil des fu-
nérailles par jour et par semaine. Beaucoup
de gens donnent à loyer des maisons meu-
blées, et tirent une rente de l'usage de la
maison et de l'usage des meubles. Cependant toutes ces espèces de revenus sortent
toujours en dernière analyse de quelque autre source de revenu. De toutes les parties
du fonds qu'un individu ou qu'une société
réserve pour sa consommation immédiate,
il n'en est aucune qui se consomme plus
entement que celle qu'on a placée en maisons. Un fond d'habillemens peut durer
plusieurs années ; un fonds de meubles, un
demi-siècle ou même un siècle entier ; mais
un fonds de maisons bien bâties et bien
entretenues peut subsister durant plusieurs
siècles ; cependant quoique le terme de leur
entière consommation soit plus éloigné,
elle n'en fait pas moins en effet, ainsi que
les habits et les meubles, un fonds de réserve pour la consommation immédiate.

La SECONDE des trois parties entre lesquelles
se distribue le fonds général de la société

est le capital fixe, dont le caractère distinctif est de fournir un revenu ou un bénéfice,
sans avoir besoin de circuler ou de changer
de maître. Il se distribue à son tour en quatre nouvelles portions principales.

1°. Il achète toutes les machines et tous
les instrumens qui facilitent et abrègent le
travail.

2°. Il procure tous les bâtimens utiles, qui
sont autant de moyens de donner un revenu, non seulement au propriétaire qui
les livre à location, mais à la personne qui
en jouit et qui en paie la rente ; tels que
les boutiques, les magasins, les atteliers,
les fermes accompagnées et d'étables et de
greniers. Ces bâtimens sont très différens
des maisons qui ne servent qu'à donner un
logement ; ce sont comme des instrumens ;
et on peut les considérer sous ce point de
vue.

3°. Il paie l'amélioration des terres, c'est-
à-dire tout ce qu'on dépense utilement pour
les défricher, les dessécher, les enclorre, les
engraisser, les rendre plus propres au labour et plus dociles à la culture. On peut
avec juste raison regarder une ferme ainsi
améliorée comme ces utiles machines qui
facilitent, abrègent le travail, et font sortir

d'un capital qui circule, un revenu supérieur à celui que donneroit ce même capital autrement employé. D'ailleurs, une ferme améliorée, en même tems qu'elle est aussi avantageuse qu'aucune de ces machines, l'emporte sur elles en durée, puisqu'elle n'exige pour toutes réparations que l'application la plus sage du capital d'un fermier à la culture.

4°. Il fournit à l'acquisition de tous les talens utiles, dont est pourvu chaque membre de la société. On ne parvient en effet à ces talens, que par une éducation, des études, ou un apprentissage, qui, toujours dispendieux, forment un capital fixe et réalisé, pour ainsi dire, dans chaque individu : et comme ils font une partie de sa fortune, ils font nécessairement une partie de la fortune de la société dont il est membre. La dextérité et l'industrie perfectionnées d'un ouvrier sont encore au rang de ces machines ou de ces instrumens, qui rendent l'ouvrage et plus facile et plus prompt, et qui font rentrer ce qu'elles ont coûté, accru d'un bénéfice.

La TROISIEME et dernière des parties entre lesquelles se distribue naturellement le fonds général de la société, est le capital circulant, dont le caractère distinctif est de ne fournir un revenu qu'en roulant dans le commerce et en changeant de maître. Il est également composé de quatre parties :

1°. De l'argent qui fait circuler les trois autres parties, et les distribue à quiconque doit les consommer.

2°. Du fonds de toutes les provisions qui se trouve dans la main du boucher, du nourrisseur de bestiaux, du fermier, du marchand de blé, du brasseur, et qui doit par le secours de la vente leur rapporter un bénéfice auquel ils s'attendent.

3°. Des matières, soit absolument brutes, soit plus ou moins manufacturées, qu'on destine à faire des habits, des meubles, des bâtimens ; mais qui, n'ayant pris encore sous les mains de l'industrie aucune de ces formes, restent dans les mains du producteur et des manufacturiers.

4°. Enfin, des ouvrages que l'industrie a complettement achevés ; mais qui dormant, pour ainsi dire, dans les mains du marchand ou du manufacturier, n'en sont pas sorties encore par la vente, pour passer à l'usage des véritables consommateurs ; tels sont les ouvrages tout faits qu'on trouve souvent dans les boutiques du forgeron, de l'ébéniste,

de

de l'orfévre, du jouaillier, du faïencier, etc.
C'est de cette manière que le capital circulant se compose à la fois des vivres, des ma-
tieres, des ouvrages finis de toute espèce,
qui sont dans les mains de leurs marchands
respectifs, et de l'argent qui, nécessaire
pour les mettre en circulation, les distribue
à ceux qui doivent en user ou les consommer.

De ces quatre parties, il en est trois,
les vivres, les matières et les ouvrages finis,
qui tous les ans, dans un tems ou plus long
ou plus court, sont régulièrement tirées du
capital circulant, et vont se placer ou dans
le capital fixe ou dans le fonds réservé pour
la consommation immédiate.

Tout capital fixe sort originairement d'un
capital circulant, qui doit encore l'alimenter et le soutenir sans cesse. Toutes les machines, tous les instrumens utiles viennent
originairement de ce même capital circulant,
qui fournit, et les matériaux dont ils sont
composés, et les salaires de la main-d'œuvre qui les façonne, et la dépense annuelle
ou journalière des réparations qu'ils exigent.

Nul capital fixe, sans un capital circulant,
ne sauroit donner un revenu. Les machines
nes et les instrumens les plus utiles ne

produisent rien sans le même capital. Il leur fournit la matière dont ils changent la forme, et paie la subsistance des ouvriers qui les font mouvoir. Une terre, quelque améliorée qu'elle soit, ne produira aucun revenu, si un capital circulant n'entretient les laboureurs qui la cultivent et qui en recueillent les fruits.

Entretenir et augmenter le fonds qu'on destine à la consommation immédiate, c'est la seule fin et le seul but des capitaux fixes et circulans. Ce fonds nourrit, habille et loge le peuple, dont la richesse ou la pauvreté dépend de la rareté ou de l'abondance des choses que ces deux capitaux peuvent fournir à ce même fonds réservé pour la consommation immédiate.

Le capital circulant, dont une si grande partie se détache continuellement pour aller se placer dans les deux autres branches du fonds général de la société, a besoin, pour exister sans cesse, d'une réparation sans cesse renouvellée : mais tout ce qu'absorbe cette réparation sort principalement de trois sources, des fruits de la terre, de la fécondité des mines, et du produit des pêcheries. Le pêcheries, les mines et la terre fournissent sans discontinuité des vivres et des matières, dont une partie est ensuite transformée en ouvrages finis, et remplace les vivres, les matières et l'ouvrage fini, qu'on tire sans cesse du capital circulant. Les mines donnent ce qu'il faut pour entretenir et pour augmenter la portion en argent de ce capital ; car quoique cette portion, dans le cours ordinaire des choses, ne sorte pas nécessairement de ce capital comme les trois autres, pour se replacer dans les deux autres branches du fonds général de la société, néanmoins, ainsi que toutes les choses humaines, elle doit un jour se consumer et dépérir, quelquefois même elle se perd ou passe à l'étranger ; elle exige donc des réparations continuelles, quoique moins considérables sans doute.

La terre, les mines et les pêcheries demandent un capital fixe et un capital circulant, qui les mette en valeur. Leur produit accru d'un bénéfice remplace, non seulement ces capitaux, mais tous les autres encore qui existent dans la société. Ainsi le fermier remplace annuellement les vivres et les matériaux que le manufacturier a consommés et travaillés l'année précédente ; et le manufacturier à son tour remplace l'ouvrage fini que le fermier usa et consomma

dans le même espace de tems. Tel est l'é-
change réel qui se conclut annuellement entre ces deux hommes, quoiqu'il arrive rarement que le produit brut et le produit tra-
vaillé soient directement échangés l'un pour
l'autre; car il n'est pas ordinaire au fermier de vendre ses blés et son bétail, ses
chanvres et sa laine à ceux qui lui vendent
ses habits, son ameublement et les instrumens de son métier. Pour de l'argent, il
cède son produit brut; et par tout où se
trouve le produit manufacturé dont il a besoin, il peut l'acheter avec cet argent. La
terre même remplace, du moins en partie,
les capitaux qui mettent en valeur et les mines et les pêcheries. C'est le produit de la
terre qui tire le poisson du sein des eaux;
et ce qu'elle enfante à sa surface, répand
dans le commerce les minéraux que ren-
fermoient ses entrailles.

Le produit de la terre, des mines et des
pêcheries est proportionné à l'étendue et
à l'application directe des capitaux qu'on
leur destine, toutes les fois qu'elles sont d'une
égale fécondité; comme il est aussi en proportion avec cette même fécondité, toutes
les fois que les capitaux sont les mêmes entre eux, et appliqués avec une égale sagesse.

Dans tous les pays où règne quelque'sûreté, chaque homme doué du sens commun cherchera, par l'emploi des fonds auxquels il peut commander, ou une jouissance présente ou un bénéfice à venir. Veut-il une jouissance présente? il faut qu'il les réserve pour sa consommation immédiate : espère-t-il un bénéfice à venir? il faut ou qu'il les garde, et c'est alors un capital fixe, ou qu'il s'en désaisisse, et c'est un capital circulant.

Il est tout-à-fait infirme ou de corps ou d'esprit celui qui, dans un pays où règne quelque sûreté, n'applique point d'une de ces trois manières tous les fonds auxquels il peut commander, soit qu'ils lui appartiennent, soit qu'il les ait empruntés d'autrui.

Il est vrai que dans ces pays malheureux, où l'homme vit toujours dans la crainte des violences et de la tyrannie des rangs supérieurs, chacun enfouit et cache une grande partie de sa fortune, dans l'espérance qu'il pourra la transporter en un lieu de sûreté, aussitôt qu'il se verra menacé de quelqu'un de ces désastres, trop ordinaires sous l'empire du despotisme. C'est, dit-on, une précaution ordinaire en Turquie, dans l'Indostan, et je crois aussi en plusieurs autres Etats de l'Asie. Elle fut en usage parmi nos ancêtres, sous la violence du gouvernement féodal. Dans ces jours de tyrannie, la découverte des trésors étoit regardée comme une partie assez importante du revenu des souverains les plus puissans de l'Europe. Les trésors cachés dans le sein de la terre, sur lesquels personne ne pouvoit prouver un droit incontestable, étoient alors un objet si précieux, qu'on en faisoit une partie de la propriété du souverain. Celui qui les trouvoit n'avoit aucun droit à les posséder, pas même le propriétaire du sol, à moins qu'il ne prouvât le contraire par une clause expressément énoncée dans sa charte. On les rangeoit dans la classe des mines d'or et d'argent, qui, sans un énoncé spécial inséré dans le contrat de vente, ne furent jamais supposées comprises dans la cession générale de la terre; quoique les mines de plomb, de cuivre, d'étain et de charbon le fussent comme des objets d'une trop mince importance.

CHAPITRE II.

De l'argent considéré comme branche particuliere du fonds général de la société, ou de la dépense pour l'entretien du capital national.

On a vu dans le premier livre que le prix de la plus grande partie des denrées se résout en trois parties, qui fournissent l'une au salaire du travail, l'autre au bénéfice des fonds, et la troisième à la rente de la terre employée à les produire et à les mettre en état de vente. On a vu qu'il est quelques denrées dont le prix n'est composé que de deux parties, je veux dire des salaires du travail, et du bénéfice des fonds. On a vu qu'il en est un très petit nombre dont le salaire du travail fasse tout le prix ; mais que toutes, sans nulle distinction, forment nécessairement le leur de ces trois parties, ou séparées ou réunies ; car celle qui ne va ni à la rente ni au salaire, tourne nécessairement au profit de quelqu'un.

On a observé enfin que, puisqu'il en est ainsi de chaque marchandise considérée sé-

parément, il doit en être de même de toutes les denrées prises dans leur totalité, qui
composent le produit annuel de la terre et
du travail de chaque pays. Le prix, ou la
valeur en échange de ce produit annuel,
doit se résoudre en ces mêmes parties,
et se distribuer parmi les différens habitans du pays, ou comme salaire de leur
travail, ou comme bénéfice de leurs fonds,
ou comme rente de leur terre.

Mais quoique la valeur entière des fruits
annuels de la terre et du travail de chaque
contrée, en se distribuant ainsi parmi les
habitans, leur forme un revenu ; cependant
si dans le produit d'un bien particulier nous
distinguons le revenu total et le revenu net,
nous pouvons faire la même distinction dans
le revenu du grand corps social.

Le revenu total d'un bien particulier
comprend tout ce qui est payé par le fermier ; le revenu net est ce qui reste au propriétaire, déduction faite ou des frais de régie, de réparations, de charges nécessaires,
ou même de tout ce qui peut, sans faire aucun tort à son bien, entrer comme consommation immédiate dans les dépenses de sa
table, de ses équipages, de ses parures, de
ses meubles, de ses jouissances et de tous

ses amusemens particuliers : c'est du revenu net, et non du revenu total, que se forme sa véritable richesse.

Le revenu total de tous les habitans d'un grand pays comprend tout ce que leur donnent annuellement et leur terre et leur travail; le revenu net est ce qui leur reste après avoir déduit la dépense nécessaire pour entretenir d'abord leur capital fixe, ensuite leur capital circulant, ou ce qu'ils peuvent, sans entamer leur capital, destiner à leur consommation immédiate, c'est-à-dire, dépenser pour leur subsistance, leurs commodités et leurs plaisirs. C'est donc du revenu net, et non du revenu total, que se forme leur véritable richesse.

Toute la dépense qu'exige l'entretien du capital fixe est donc évidemment exclue du revenu net de la société ; et ni les matériaux nécessaires à l'entretien, soit des machines, soit des instrumens de métier, soit même des bâtimens utiles, etc., ni le produit du travail nécessaire pour donner à ces matériaux les formes convenables, ne peuvent jamais en faire une partie. Le prix de ce travail y doit entrer sans doute, puisque les ouvriers dont on fait usage pourroient placer la valeur totale de leur salaire

dans le fonds qu'ils réservent à leur consommation immédiate; mais dans chacune
des autres sortes de travail, le prix et le
produit vont à ces fonds, le prix à celui des
ouvriers, le produit à celui des autres personnes, dont le travail de la main-d'œuvre
augmente la subsistance, les commodités
et les agrémens.

Le but du capital fixe est, ou d'augmenter les forces productrices du travail, ou
de mettre le même nombre d'ouvriers en
état de fournir une plus grande somme
d'ouvrage. Le même nombre d'hommes et
d'animaux employés aux travaux de deux
fermes également étendues et fertiles, mais
inégalement entretenues, donnera à celle
dont tous les bâtimens utiles, et les haies, et
les fossés, et les communications se trouvent dans un état de perfection, l'avantage
d'un produit annuel éminemment supérieur.
Le même nombre de bras employés aux
travaux de deux manufactures également
pourvues de fonds, mais inégalement fournies d'instrumens, donnera à celle dont les
machines seront moins imparfaites et mieux
entretenues une somme annuelle d'ouvrages
éminemment supérieure. Tout ce qu'on dépense en améliorations placées sur un ca-

pital fixe, de quelque nature qu'il soit, revient toujours avec un grand profit. On voit
s'en augmenter le produit annuel, dont la
valeur est très supérieure aux frais de l'entretien que ces améliorations commandent.

Cependant cet entretien exige encore une
certaine portion du produit annuel ; au lieu
de la destiner à l'achat d'une plus grande
quantité de matières premières, ainsi qu'au
salaire d'un plus grand nombre d'ouvriers ;
au lieu d'augmenter par ce double moyen
la nourriture, le vêtement, le logement,
l'entretien, et toutes les jouissances du grand
corps social, on la détourne vers un emploi
bien différent, il est vrai, mais fort avantageux. Elle va payer le perfectionnement
que peut recevoir la méchanique, dont les
progrès furent toujours regardés avec juste
raison comme autant d'avantages pour la
société. En effet, c'est peu qu'avec des machines plus simples et moins dispendieuses, le même nombre de bras produise annuellement la même somme d'ouvrages ; on
peut encore, en épargnant tout ce qu'exigeoit de dépense en matériaux et en travail
l'entretien coûteux d'une méchanique com-
pliquée, faire servir une partie de ces épargnes à salarier plus d'ouvriers, et à manu-

facturer plus d'ouvrages. Si l'entrepreneur d'une grande manufacture, qui emploie mille livres sterlings à l'entretien de ses machines, pouvoit réduire cette dépense à la moitié, il emploieroit naturellement les cinq cens livres épargnées à l'achat d'une plus grande quantité de matières, qu'il feroit travailler par un plus grand nombre d'ouvriers. La manufacture produiroit donc annuellement plus d'ouvrages, et la société entière en recueilleroit plus de jouissances.

On peut très bien comparer les frais qui, dans un grand pays, vont se placer dans l'entretien du capital fixe, aux dépenses qui, dans un bien particulier, se placent dans les réparations. Souvent, pour tirer d'un bien le même produit, et pour assurer par conséquent au propriétaire le même revenu net, la dépense des réparations peut être nécessaire. Cependant, si une administration plus intelligente la diminue, le revenu total pourra bien rester le même; mais le revenu net prendra de l'accroissement.

Quoique tous les frais qu'exige l'entretien du capital fixe soient nécessairement exclus du revenu net de la société, il n'en est pas de même des dépenses que demande l'entretien du capital circulant.

Des quatre parties dont ce dernier est composé, l'argent, les vivres, les matières et l'ouvrage fini, les trois dernières, on l'a déja observé, en sortent régulièrement, et vont se placer, soit dans le capital fixe de la société, soit dans le fonds réservé pour la consommation immédiate. Tout ce qui ne va pas à celui-là, passe nécessairement à celui-ci; il fait partie du revenu net de la société. L'entretien de ces trois parties du capital circulant n'enlève donc au revenu net de la société que la portion du produit annuel nécessaire pour l'entretien du capital fixe.

Le capital circulant n'est pas le même à cet égard pour une société et pour un individu. Il ne peut jamais pour l'individu faire partie de son revenu net, qui est entièrement composé de bénéfices: mais ce même capital individuel, quoique faisant partie du capital circulant de la société, n'entre pas moins comme portion dans le revenu net dont elle jouit. Quoique toutes les marchandises qui dorment chez un marchand ne puissent en aucune manière être comprises dans le fonds qu'il réserve à sa consommation immédiate, néanmoins elles peuvent entrer dans celui de mille autres personnes, qui, par un revenu sorti d'une autre source, peuvent régulièrement lui restituer, même avec bénéfice, la valeur de ses marchandises, sans diminuer ou altérer en rien, ni leur propre capital, ni celui du marchand.

L'argent est donc pour la société la seule partie de son capital circulant, qu'on ne puisse alimenter sans diminuer un peu le revenu net dont elle jouit.

Le capital fixe, et la partie du capital circulant qui consiste en argent, si nous les considérons comme agissant sur le revenu net de la société, ont différens points de rapport et de ressemblance.

Premièrement, de même que l'ensemble des machines et des instrumens de métier, etc. exigent, et pour leur établissement et pour leur entretien, certaines dépenses, qui sont autant de déductions à faire sur le revenu net de la société, quoiqu'elles fassent partie de son revenu total; de même la somme d'argent qui circule dans un pays exige, et pour se répandre et pour se renouveller, certaines dépenses qui sont aussi des déductions à faire sur le revenu net de la société, quoiqu'elles fassent partie de son revenu total. Il faut que des matières précieuses,

l'or et l'argent, renchéries encore de la valeur d'un travail curieux, au lieu d'aller
augmenter le fonds réservé pour la consommation immédiate, c'est-à-dire la subsistance, les commodités et les amusemens
des individus, soient employés à entretenir
ce grand, mais dispendieux instrument de
commerce, qui, à tous les membres de la
société, distribue la subsistance, les commodités et les amusemens, et les leur distribue dans les proportions convenables.

Secondement, comme les machines et les
instrumens de métiers, etc., qui composent
le capital fixe, soit d'un individu, soit d'une
société, ne font partie ni de leur revenu total
ni de leur revenu net, ainsi l'argent qui distribue régulièrement aux divers membres de
la société tout le revenu dont elle jouit, ne
fait jamais partie d'aucuns de ses revenus;
l'argent est la grande roue qui fait circuler
la marchandise: la marchandise seule, et
non la machine qui la met en circulation, forme le revenu tout entier de la société. En supputant ou le revenu total ou le
revenu net du corps politique, il faut, sur
la circulation annuelle de l'argent et des
marchandises, déduire toujours la valeur
entière de l'argent, puisqu'il n'est pas même

un sou qui puisse jamais appartenir ni à l'un ni à l'autre de ces revenus.

Sans l'usage ambigu du langage ordinaire, cette proposition ne paroîtroit ni douteuse ni paradoxale; l'expliquer, c'est la faire concevoir, et la faire concevoir, c'est en montrer l'évidence.

En nommant une somme particulière d'argent, nous n'entendons quelquefois que les pièces de métal dont elle est composée; et quelquefois aussi, nous exprimons un rapport obscur de cette somme avec les marchandises qu'elle donne le pouvoir d'acquérir, soit par achat, soit par échange. Ainsi, quand nous disons que la monnoie répandue en Angleterre par la circulation s'élève, d'après certains calculs, à la somme de dix-huit millions, nous ne voulons exprimer que le montant des pièces de métal, dont quelques écrivains ont calculé, ou plutôt supposé la circulation dans cette contrée: mais quand nous assurons qu'un homme jouit de cinquante ou de cent livres annuelles de rente, presque toujours nous voulons exprimer, non seulement le montant des pièces de métal qui lui sont annuellement payées, mais encore la valeur des marchandises qu'il peut acheter ou consommer tous

les

les ans : nous voulons exprimer encore
quelle est ou doit être sa manière de vivre,
c'est-à-dire la quantité ainsi que la qualité
des choses nécessaires et agréables, dont
cette somme peut lui donner la jouissance.
Lorsqu'en nommant une somme d'argent
particulière, nous voulons non seulement
exprimer le montant des pièces de métal
dont elle est composée, mais encore ren-
fermer dans sa signification un rapport obscur avec les marchandises que ces pièces
peuvent obtenir en échange ; alors le revenu
que cette somme désigne n'est guère que
l'une ou l'autre des deux valeurs ainsi ex-
primées par le même mot, avec un peu
d'ambiguité ; encore même ce mot a-t-il un
rapport plus direct à la dernière qu'à la première, à la valeur de l'argent qu'à l'argent
lui-même.

Si donc une guinée est la pension hebdomadaire d'un individu, il peut dans le cours
de la semaine acheter avec cette guinée une
certaine mesure d'alimens, de commodités
et de plaisirs. L'étendue plus ou moins grande
de cette mesure borne plus ou moins par
semaine la véritable richesse dont il jouit.
Ce revenu hebdomadaire n'est certainement
pas égal tout à la fois et à la guinée et aux

achats qu'elle peut acquiter, mais seulement à l'une ou à l'autre de ces deux valeurs égales ; à la dernière plus particulièrement qu'à la première, à la valeur de la guinée plus qu'à la guinée elle-même.

Si cet individu recevoit sa pension, non pas en pièces d'or, mais en une lettre de change d'une guinée payable à sept jours d'échéance, sûrement son revenu consisteroit moins en ce morceau de papier, qu'en tout ce qu'il pourroit avoir en échange avec ce papier ; or, une guinée peut être considérée comme une lettre de change payable en une certaine quantité de choses nécessaires et commodes, et tirée sur tous les artisans des lieux circonvoisins ; le revenu de celui à qui elle est payée consiste donc bien moins en cette pièce d'or, qu'en tout ce qu'il peut avoir en échange avec cette pièce. S'il lui étoit impossible de l'échanger, semblable à un billet sur un banqueroutier, cette guinée n'auroit pas plus de valeur que le morceau de papier le plus inutile.

Quoique les divers habitans d'un pays puissent recevoir et reçoivent souvent en argent leur revenu annuel ou hebdomadaire, néanmoins leur véritable richesse, leur revenu réel pris collectivement, est plus ou moins considérable, selon qu'ils peuvent avec cet argent acheter plus ou moins de marchandises de consommation. Ce revenu universel n'est pas égal tout à la fois et à l'argent et aux marchandises ; il équivaut seulement à l'une ou à l'autre de ces deux valeurs, à la dernière plutôt qu'à la première.

Et de là vient que si nous exprimons souvent le revenu d'une personne par les pièces de métal qui lui sont annuellement payées, c'est parceque le montant de ces pièces exprime l'étendue du pouvoir qu'elle a d'acheter, c'est-à-dire la valeur des marchandises qu'elle peut consommer tous les ans. Nous considérons son revenu comme résidant tout entier dans ce pouvoir d'acheter ou de consommer, et non dans les pièces de métal qui le lui donnent.

Mais si la chose est évidente même à l'égard d'un individu, combien l'est-elle plus encore à l'égard de la société. Le montant des pièces de métal payées annuellement à un individu est souvent d'une égalité précise avec son revenu, et dès lors en exprime la valeur de la manière la plus juste et la plus abrégée ; mais le montant des pièces de métal qui circulent dans une so-

ciété ne peut jamais être égal au revenu de
tous les membres. Comme la même guinée,
qui paie aujourd'hui la pension hebdomadaire
d'un homme, pourra demain payer celle
d'un autre, et le jour suivant celle d'un troisième, le montant de toutes les pièces mon-
noyées répandues dans la circulation annuelle d'un pays est nécessairement d'une
valeur très inférieure à l'argent qui doit être
annuellement payé pour toutes les pensions.
Mais les marchandises qui peuvent être
achetées successivement avec tout l'argent
de ces pensions, à mesure qu'elles sont
payées, doivent être constamment et précisément de la valeur de ces mêmes pensions;
or tel doit être aussi le revenu des différens
individus à qui on les paie. Ce revenu ne
peut donc consister dans ces pièces de métal, dont le montant est bien loin d'atteindre jusqu'à la valeur du revenu; il réside
dans le pouvoir d'acheter, il réside dans les
marchandises que ces pièces peuvent successivement acquérir à mesure que la circulation les fait passer de main en main:
par conséquent l'argent, cette grande roue
de la circulation, ce grand instrument du
commerce, semblable à tous les autres instrumens de métiers, quoiqu'il fasse une

portion très précieuse du capital commun, ne fait point partie du revenu de la société; et les pièces de métal dont il est composé, n'entrent pas davantage dans le revenu de chaque particulier, quoique dans le cours de leur circulation annuelle, elles distribuent à chaque particulier le revenu qui lui appartient.

Troisièmement enfin, les machines et les instrumens des métiers qui forment le capital fixe ont une dernière ressemblance avec la partie du capital circulant qui consiste en argent. Car de même que le revenu net de la société s'enrichit de toutes les épargnes qu'on peut faire sur la dépense nécessaire à l'établissement et à l'entretien de ces machines, lorsque ces mêmes épargnes n'appauvrissent point les forces productrices du travail; ainsi la société ajoute à son revenu tout ce qu'elle peut épargner sur les dépenses qu'exigent et l'accumulation et l'entretien de l'argent qui compose son capital circulant.

Il est assez facile de voir, et nous avons déja expliqué, comment chaque épargne sur les dépenses nécessaires à l'entretien du capital fixe devient une augmentation du revenu net de la société. Quiconque entreprend un ouvrage, voit son capital tout entier se partager nécessairement en deux portions, formant l'une le capital fixe, et l'autre le capital circulant. Tandis que ce tout reste le même, l'une de ces deux parties est d'autant plus foible que l'autre est plus considérable. C'est le capital circulant qui fournit à la main-d'œuvre et ses matériaux et son salaire; c'est lui, en un mot, qui met l'industrie en mouvement. Voilà pourquoi chaque épargne sur les dépenses nécessaires à l'entretien du capital fixe, lorsqu'elle ne diminue en rien les puissances productrices du travail, doit augmenter et le fonds qui fait travailler l'industrie, et le produit annuel de la terre et du travail, c'est-à-dire le revenu réel de toute société.

Substituer du papier monnoie à l'or ou à l'argent monnoyés, c'est remplacer un instrument de commerce toujours fort dispendieux par un autre beaucoup moins coûteux, et quelquefois non moins convenable. Alors la circulation obéit à une nouvelle roue, qu'on établit et qui s'entretient à moins de frais que l'ancienne; mais la manière dont cette opération se fait, et dont elle tend à augmenter le revenu total ou le revenu net de la société, n'est pas, à beaucoup près, aussi facile à saisir. Il ne sera peut-être pas inutile d'en donner une explication plus étendue.

Il est plusieurs espèces différentes de papier monnoie : les billets de banque et les billets des banquiers, admis dans le commerce, sont l'espèce la mieux connue, et peut-être la mieux adaptée à cet usage.

Quand le peuple d'une contrée donne assez de confiance à la fortune, à la probité et à la prudence d'un banquier, pour croire qu'à la première demande ce banquier est toujours prêt à payer ces sortes de billets à quiconque les lui présente, l'espérance de les convertir en argent à volonté donne à ces billets le cours de l'or et de l'argent monnoyés.

Qu'un banquier particulier prête à ses habitués ses propres billets, jusqu'à la concurrence, je le suppose, de cent mille livres sterlings ; comme ces billets remplissent toutes les fonctions de l'argent, ses débiteurs lui paieront l'intérêt qu'il auroit exigé d'eux, s'il leur eût prêté cette même somme en argent ; cet intérêt est la source de son gain ; en vain plusieurs de ces billets reviennent à lui continuellement pour être acquités ; une partie continue à circuler durant plusieurs mois, et même durant des années entières ; en sorte que vingt

C iv

mille livres en or ou en argent peuvent lui
suffire pour répondre aux demandes accidentelles. Sur cent mille livres sterlings de
billets en circulation, vingt mille livres en or
et en argent font donc la fonction de cent
mille en réalité. On conclud les mêmes
échanges ; la même quantité de marchandises de consommation circule et se distribue
aux consommateurs, par le moyen de ces
billets, jusqu'à la valeur de cent mille livres.
Par conséquent, ces billets épargnent sur la
circulation entière répandue dans la contrée
la somme de quatre-vingt mille livres d'or
et d'argent ; et si des opérations semblables
se répètent dans le même tems par tous les
banquiers, il est aisé de voir qu'il ne faut
à toute la circulation qu'une cinquième partie de l'or et de l'argent qui seroient nécessaires sans cette opération.

Supposons, par exemple, qu'en un tems
donné, tout l'argent qui circuloit dans un
pays montât à un million sterling, et que
cette somme ait suffi pour répandre tout le
produit annuel de la terre et du travail ; supposons encore que quelque tems après, différens banquiers aient délivré des billets
payables au porteur, jusqu'à la somme d'un
million, en réservant toutefois dans leurs

caisses deux cens mille livres, destinées à répondre aux demandes accidentelles; il restoit donc alors en circulation huit cens mille livres en or et en argent, et un million de billets de banque, c'est-à-dire, dix - huit cens mille livres, soit en billets, soit en argent. Mais le produit annuel de la terre et du travail du pays, pour y circuler et arriver aux consommateurs, n'avoit besoin auparavant que d'un seul million, tandis qu'il ne pouvoit recevoir immédiatement aucune augmentation de ces opérations de banque. Il lui suffira donc encore après, d'un million pour circuler. Les marchandises qui sont à acheter et à vendre, étant précisément les mêmes qu'auparavant, la même quantité d'argent suffira pour l'achat et pour la vente. Le canal de la circulation, s'il m'est permis de m'exprimer ainsi, restera précisément ce qu'il fut d'abord; et comme nous avons supposé qu'un million suffisoit pour le remplir, tout ce qu'on y versera au-delà de cette somme, au lieu d'y couler, sera donc obligé d'en sortir. Un million huit cens mille livres y arrivent; huit cens mille livres doivent en refluer, puisque cette somme est le superflu de tout ce que demande la circulation de la contrée. Mais quoique cette somme ne puisse être employée dans le pays, elle est d'une trop grande valeur pour qu'il soit permis de la laisser oisive. Elle sera donc envoyée au dehors pour chercher cet emploi lucratif qu'elle ne peut trouver au dedans. Mais le papier ne peut aller chez l'étranger, parcequ'à une certaine distance de la banque qui le donne, et du pays où la loi peut en exiger le paiement, il ne seroit point reçu en paiement ordinaire. Cent mille livres en or ou en argent passseroient donc chez l'étranger, et le canal de la circulation intérieure resteroit rempli d'un million en papier, au lieu d'un million en métaux qui le remplissoit auparavant.

Mais quoiqu'une si grande masse d'or et d'argent soit ainsi envoyée au dehors, n'imaginons pas qu'on l'y adresse pour rien, ni que les propriétaires en fassent présent aux nations étrangères. Ils l'échangeront pour des marchandises étrangères de toute espèce, lesquelles fourniront à la consommation, ou de la contrée nationale, ou d'un pays étranger.

S'ils achètent des marchandises étrangères, pour fournir à la consommation d'une autre contrée, ou s'ils la placent dans ce qu'on appelle le commerce de transport, le bénéfice qui leur en reviendra sera autant d'ajouté au revenu net de leur pays. Il fournira comme un nouveau fonds, créé pour établir un nouveau commerce; car les affaires domestiques se faisant avec du papier, l'or et l'argent seront convertis en un fonds pour ce commerce nouveau.

S'ils achètent des marchandises étrangères, pour la consommation intérieure, ou ces marchandises, comme les soieries, les vins étrangers, etc. sont destinées à la consommation de la classe oisive, de la classe qui ne produit rien, ou bien elles forment un nouveau fonds de matières, d'outils et de subsistances, destiné à donner de l'occupation à un plus grand nombre d'hommes industrieux, qui reproduiront avec profit la valeur de leur consommation annuelle.

Employée pour la classe oisive, cette somme favorise la prodigalité, la dépense, la consommation, sans rien ajouter à la reproduction, c'est-à-dire, que ne créant aucun fonds permanent pour soutenir cette dépense, elle nuit sous tous les rapports au bien de la société.

Employée pour les hommes laborieux, cette somme sollicite leur industrie; et quoique la consommation de la société s'en augmente,

cette somme n'en fournit pas moins un
fonds subsistant qui entretient cette consommation, puisque les consommateurs en reproduisent annuellement avec profit toute la
valeur annuelle. Le revenu total de la société,
le produit annuel de la terre s'augmente de ce
que la main-d'œuvre ajoute de valeur aux
matières sur lesquelles le travail s'exerce ;
et le revenu net s'accroît de ce qui reste de
cette valeur, après la déduction de tout ce
qu'exige l'entretien des outils et des instrumens de métiers.

Il est probable que la plus grande partie de
l'or et de l'argent, que font sortir ceux qui achètent les marchandises étrangères pour la consommation intérieure, doit entrer dans les
achats de la seconde espèce ; peut-être même
seroit-il impossible de l'en détourner. En vain
quelques particuliers donnent à leur dépense
une augmentation considérable, et nullement proportionnée à l'accroissement de
leur revenu ; soyons assurés qu'il n'est aucune classe, aucun ordre, qui pris dans sa totalité, se livre à cette imprudence. En effet,
si les principes de la sagesse commune ne di-
rigent pas toujours la conduite de chaque
individu, du moins, dans tous les ordres,
influent-ils sur les actions du plus grand nom-

bre. Mais le revenu des gens oisifs, considérés comme formant une classe séparée, ne peut en rien s'augmenter de ces opérations de banque. Elles n'ajoutent donc pas beaucoup à leur dépense générale, quoique cet effet soit possible, et que même on le voie se réaliser quelquefois parmi quelques individus. En conséquence, le desir que les gens oisifs montrent pour des marchandises étrangères, et la demande qu'ils en font étant les mêmes, ou à-peu-près les mêmes qu'auparavant, une très foible partie de l'argent que ces opérations de banque ont fait sortir, et qu'on a employées chez l'étranger pour la consommation intérieure, a fait pour eux l'acquisition de tout ce qui sert à leur usage, tandis que la plus grande partie de la somme va naturellement, non pas entretenir l'oisiveté, mais faire travailler l'industrie.

Toutes les fois qu'il s'agit de calculer la quantité de travail que le capital circulant peut mettre en activité, n'oublions jamais de n'avoir égard qu'aux trois seules parties de cette quantité, qui paient la subsistance, les matières et l'ouvrage fait; la quatrième, qui consiste en argent, et qui ne sert qu'à mettre les trois autres en circulation, il faut toujours la déduire : l'industrie veut trois

choses pour agir , des matières , des outils et
des salaires. Elle travaille les matières , elle travaille avec les outils , et sans l'espérance des
salaires elle ne travailleroit pas. L'argent monnoyé n'est ni une matière à travailler , ni un
outil avec lequel on travaille ; et quoique les
salaires soient communément payés en argent, le véritable revenu des ouvriers, ainsi
que le revenu de tous les autres hommes ,
consiste, non pas en argent, mais en ce que
vaut l'argent , non pas en pièces de métal ,
mais en denrées qu'il peut avoir pour ces
pièces de métal.

La quantité d'industrie qu'un capital peut
employer doit évidemment être égale au
nombre des ouvriers qu'elle peut fournir de
matières , d'instrumens et de subsistances
convenables à la nature de leur ouvrage.
L'argent peut être nécessaire pour acheter
et les matières et les outils , et l'entretien des
ouvriers ; mais la quantité d'industrie que
tout le capital peut employer n'est certainement égale ni à l'argent qui achète , ni aux
matières, aux outils et à l'entretien qui se
vendent à cet argent ; elle égale seulement
ou l'une ou l'autre de ces deux valeurs, la
dernière, en un mot, plus proprement que
la première.

Quand le papier est substitué à l'or et à l'argent monnoyés, la quantité des matiè-res, des outils et des subsistances que four-nit la totalité du capital circulant peut s'augmenter sans doute de toute la valeur de l'or et de l'argent qu'on avoit coutume de donner pour les acheter. La valeur entière de la grande roue de circulation et de dis-tribution accroît celle des marchandises, qui, à l'aide de cette même roue, circulent et vont par-tout se distribuer. L'opération res-semble pour ainsi dire à celle de l'entrepre-neur d'un grand ouvrage, qui favorisé de quelques machines plus parfaites supprime les anciennes, et ajoute au fonds, où il puise les matières et le salaire de ses ouvriers, tout ce que la nouvelle méchanique épargne de dépenses à son capital.

Il est impossible peut-être de déterminer quelle est dans un pays donné la juste pro-portion de l'argent qui circule avec toute la valeur du produit annuel qu'il fait circuler. Différens auteurs l'ont portée à un cinquième, à un dixième, à un vingtième, et même à un trentième de cette valeur. Mais quelque foible proportion qui existe entre l'argent circulant et toute la valeur du produit an-nuel, comme on ne destine, pour faire aller l'in-

dustrie, qu'une seule partie, et souvent même
qu'une très mince partie de ce produit, la
proportion entre l'argent et cette partie doit
toujours se trouver fort considérable. Aussi
lorsque par la substitution du papier , l'or et
l'argent nécessaires à la circulation se trouvent réduits (je le suppose) à la cinquième
partie de la quantité qu'il en falloit d'abord ;
si la valeur de la plus grande partie des autres quatre cinquièmes est ajoutée aux fonds
qui sont destinés à l'entretien de l'industrie,
il doit en sortir un grand accroissement pour
la quantité de cette industrie, et par conséquent la valeur du produit annuel de la terre
et du travail doit s'en augmenter considérablement.

On a fait, depuis environ vingt-cinq ou
trente ans , une opération de cette nature,
en érigeant plusieurs compagnies de banque dans presque toutes les grandes villes,
et même dans quelques villages de l'Ecosse ;
les effets qu'elles ont produits sont précisément les mêmes que je viens de décrire.
C'est par le papier de ces différentes compagnies que les achats et les paiemens de
toute espèce se consomment et que se font
toutes les affaires : rarement l'argent, et l'or
plus rarement encore , se montre, excepté

dans

dans le change d'un billet de banque de vingt schellings ; mais quoique la conduite de ces différentes compagnies n'ait pas été irréprochable, quoiqu'on ait été contraint de la régler par un acte du parlement, il est évident néanmoins que le pays a retiré un fort grand avantage de ces établissemens. J'ai entendu dire que le commerce de Glasgow doubla environ quinze années après l'érection des banques. J'ai entendu dire que celui de l'Ecosse à Edimbourg a plus que quadruplé depuis la création des deux banques publiques : l'une appellée la banque d'Ecosse fut établie par un acte du parlement, en 1695 ; l'autre appellée la banque royale le fut par une charte royale, en 1727. J'ignore si le commerce, ou de l'Ecosse en général, ou de la ville de Glasgow en particulier, a réellement augmenté dans une aussi grande proportion, durant une aussi courte période : mais s'il a suivi cette proportion dans ses accroissemens, cet effet est trop prodigieux pour n'être attribué qu'à la seule érection de ces banques. Néanmoins on ne peut douter que le commerce et l'industrie de l'Ecosse n'aient pris un grand essor durant ce petit nombre d'années ; et il est très probable que les banques l'ont favorisé.

Tome II.   D

La valeur de la monnoie d'argent qui circuloit en Ecosse, avant l'union arrivée en 1707, et qui immédiatement après fut versée dans la banque d'Ecosse pour être refondue, s'élevoit à quatre cens onze mille cent dix-sept livres dix sous neuf deniers sterlings. On n'a pas eu le compte de la monnoie d'or qui fut aussi portée à la banque. Mais il paroît par les anciens états de l'hôtel de la monnoie d'Ecosse que la valeur de l'or monnoyé excédoit un peu annuellement celle de l'argent (1). Il y eut aussi un certain nombre de personnes, qui par défiance ne portèrent point leur argent ; d'ailleurs il circuloit en Ecosse des monnoies angloises qui ne furent point comprises dans l'ordonnance. La totalité de l'or et de l'argent monnoyés en Ecosse, avant l'union, ne sauroit donc être estimée au-dessous de la valeur d'un million sterling ; cette somme fournissoit presque seule à toute la circulation ; la banque, qui alors n'avoit point de rivale, ne donnoit qu'une très petite partie de ce tout. Aujourd'hui on ne sauroit porter à moins

---

(1) Voyez la préface de Rudiman, sur les diplômes, etc. d'Ecosse, par Anderson.

de deux millions la circulation entière dont
jouit l'Ecosse ; encore même est-il probable que l'or et l'argent monnoyés n'en forment guère que la quatrième partie. Mais si
l'ensemble de l'or et de l'argent, depuis l'époque de l'union jusqu'à ce jour, a souffert une
aussi grande diminution, il n'en est pas de
même de la véritable richesse, de la prospérité
réelle de la société. En Ecosse, l'agriculture,
les manufactures et le commerce, qui sont
le produit annuel de la terre et du travail,
ont évidemment augmenté.

C'est sur-tout en escomptant les lettres de
change, c'est-à-dire, en avançant l'argent
de ces lettres avant qu'elles soient dues, que
la plupart des banquiers et des compagnies
de banque répandent leurs papiers à ordre.
Ils déduisent toujours, de la somme qu'ils
avancent, l'intérêt permis par la loi, jusqu'au moment où le paiement est exigible ;
ce paiement, lorsqu'il arrive, rend à la
banque et la valeur de ce qu'elle avoit avancé,
et le bénéfice net de l'intérêt. Les banquiers
qui avancent au marchand, auquel ils escomptent une lettre de change, non de l'or
ou de l'argent, mais du papier, jouissent de
l'avantage de pouvoir en escompter pour une
plus grande somme : plus est grande cette

somme qui passe communément dans la circulation, et plus est considérable le gain que leur rapporte l'intérêt.

Le commerce d'Ecosse, qui n'est pas très animé aujourd'hui, l'étoit moins encore avant l'érection des deux premières compagnies ; et celles-ci n'auroient eu qu'une foible existence, si elles eussent borné leurs opérations à l'escompte des lettres de change. Mais pour répandre leurs papiers par une autre voie, elles imaginèrent d'accorder des comptes de caisse, c'est-à-dire leur crédit, jusqu'à la concurrence d'une certaine somme, de deux ou de trois mille livres sterlings, par exemple, à tout individu qui présenteroit deux personnes bien famées et propriétaires d'un fonds de terre assez bon pour servir de sûreté, et répondre que tout l'argent avancé jusqu'à la concurrence de la somme convenue seroit remboursé, quand on le demanderoit, aussi bien que l'intérêt légal. Je crois qu'un pareil crédit est accordé généralement par tous les banquiers et par toutes les compagnies de banque, dans les différentes parties du monde : mais, autant que je puis le savoir, les facilités que donnent les compagnies de banque écossoises, pour le remboursement, leur sont particu-

lières ; et c'est peut-être la principale cause
du grand commerce qu'elles entretiennent,
et de l'avantage que le pays en a retiré.

Quiconque jouissant d'un semblable crédit
sur une de ces compagnies, s'en est servi pour
emprunter mille livres sterlings, par exemple, peut s'acquitter par un remboursement
graduel de vingt ou de trente livres ; et la
compagnie, sur l'intérêt de la somme totale, diminue celui de la somme partielle,
depuis le jour où celle-ci est payée, jusqu'au moment où le restant sera remboursé.
Dès lors tout marchand, et même aussi tout
homme d'affaires, trouvant commode de
tenir de ces comptes de caisse, est intéressé à favoriser le commerce de ces compagnies, soit en recevant sans difficulté pour
tous les paiemens le papier qu'elles répandent, soit en encourageant à le recevoir de
même quiconque est avec eux en correspon-
dance. Les banques avancent leurs billets
au marchand pour l'argent qu'il demande ;
le marchand les donne au manufacturier
en paiement du produit des manufactures ;
le manufacturier les passe au fermier, en
acquit des matières brutes et des provisions
naturelles ; le fermier les livre au propriétaire, pour solder la rente de la terre ; le pro-

priétaire les rapporte au marchand, pour en obtenir les choses d'agrément et de luxe; le marchand les restitue enfin au banquier, ou pour balancer les comptes de caisse, ou pour se libérer de tout ce qu'il avoit emprunté; et c'est ainsi que les billets de banque entrent dans toutes les affaires d'argent, et suffisent presque à tous les mouvemens de l'industrie : de là aussi le grand commerce de ces compagnies.

En effet, par le moyen de ces comptes de caisse, chaque marchand peut, sans imprudence, se livrer à un commerce plus étendu. Que deux marchands, l'un à Londres, l'autre à Edimbourg, emploient tous les deux des fonds égaux dans la même branche de commerce; celui d'Edimbourg aura sur celui de Londres l'avantage de pouvoir sans témérité donner plus d'étendue à ses opérations, et mettre en œuvre un plus grand nombre de bras : car le dernier doit toujours garder en réserve, ou dans ses coffres ou chez son banquier, qui ne lui en donne aucun intérêt, une somme d'argent considérable, afin d'être en état de répondre aux demandes qu'il reçoit continuellement pour le paiement des marchandises qu'il a achetées à crédit. Supposons que cette somme réservée soit ordinairement de cinq cens livres sterlings; la valeur des marchandises qui sont dans son magasin sera toujours inférieure de cinq cens livres sterlings à celle dont il seroit fourni sans la nécessité de laisser une pareille somme dans l'inaction. Supposons encore qu'une fois par an il se défasse de tous ses fonds, ou des marchandises qui forment la valeur de ses fonds; obligé de garder oisive une aussi grande somme, il vendra annuellement pour cinq cens livres sterlings de moins. Ses profits annuels diminuent donc de tout ce qu'il auroit gagné par la vente d'une quantité de marchandises égales en valeur à cette somme; et pour les mettre en état d'être vendues, il n'occupera pas le nombre de bras qu'un fonds de cinq cens livres peut faire travailler. Le marchand d'Edimbourg, au contraire, ne garde point d'argent oisif pour répondre à des demandes accidentelles. Quand elles arrivent, il y satisfait par le moyen de ses comptes de caisse avec la banque; et l'argent, ou le papier qu'il reçoit pour la vente de ses marchandises, va le libérer par des remboursemens graduels des sommes qu'il avoit empruntées. Il peut donc, avec le même fonds, sans imprudence, et dans tous les

tems, avoir dans son magasin une quantité
de marchandises supérieure à celle que possède le marchand de Londres ; il peut faire
un plus grand bénéfice pour son propre
compte, il peut fournir un emploi constant
à un plus grand nombre d'hommes industrieux : et de là le grand avantage que
l'Ecosse a tiré de ce commerce des banques.

On croira peut-être que la facilité d'escompter les lettres de change donne aux
marchands anglois une commodité qui équivaut aux comptes de caisse des marchands
écossois. Mais ceux-ci (il ne faut pas l'ou-
blier) peuvent escompter leurs lettres de
change aussi aisément que ceux-là ; ils ont
de plus la commodité de leurs comptes de
caisse.

Le papier de toutes les sortes qui peut
aisément circuler dans un pays, ne peut jamais excéder la valeur de l'or et de l'argent
dont il tient la place, ou qui, dans la supposition d'une égalité de commerce, circule-
roit dans le pays s'il n'y avoit point de papier
monnoie. Par exemple, si un billet de vingt
schellings étoit le papier monnoie le plus
bas qui eût cours en Ecosse, il faudroit
pour que le total de cette espèce de papier

courant y circulât aisément, il faudroit, dis-je, qu'il ne pût excéder la somme d'or et d'argent nécessaire pour les échanges annuels de la valeur de vingt schellings et audessus, qui se font dans le pays. Si le papier qui circule dépassoit une fois cette somme, comme l'excédent ne pourroit ni se répandre au dehors, ni se mêler à la circulation intérieure, il reviendroit promptement à la banque, pour être échangé contre de l'or et de l'argent. Un certain nombre de personnes s'appercevroient sur le champ du trop de papier qu'elles auroient pour leur commerce intérieur ; et comme elles ne pourroient l'envoyer au dehors, elles iroient en demander aux banques le paiement immédiat. Quand la valeur de ce papier superflu seroit convertie en or et en argent, elles pourroient aisément en faire usage en l'envoyant à l'étranger ; mais l'envoi en seroit impossible, tant qu'elle resteroit sous la forme de papier. On recourroit donc immédiatement aux banques, jusqu'à l'entier paiement de ce papier superflu ; et si les banques opposoient quelque difficulté ou quelque retard, on iroit en foule retirer de nouvelles sommes plus fortes que la première : car l'alarme née de la difficulté ou du retard feroit naître à son tour la presse,

Indépendamment des dépenses qui sont communes à chaque genre de commerce, telles que le loyer d'une maison, le salaire des domestiques, des commis, des gens d'affaires, etc., les banques en ont qui leur sont particulières, et qui se réduisent principalement à deux : d'abord il leur en coûte pour avoir toujours en réserve dans leur caisse, en attendant les demandes accidentelles des porteurs de billets, une grande somme d'argent dont elles perdent l'intérêt : et de plus, ce n'est qu'en dépensant qu'elles parviennent à remplir le vide journalier, que ces mêmes demandes produisent dans leur caisse.

Qu'une compagnie de banque délivre du papier au-delà de ce que peut en employer la circulation du pays ; que la rentrée continuelle de cet excédent la force à un paiement continuel, il faut qu'elle augmente la quantité d'or et d'argent déposée dans les coffres, non seulement en proportion, mais au-delà de cet excédent, puisque son papier lui revient beaucoup plus vîte qu'il ne sembloit devoir revenir, proportion gardée avec cet excédent. Une telle compagnie doit donc augmenter le premier article de sa dépense, non seulement en proportion, mais au-delà de l'accroissement forcé de ses affaires.

Mais si les coffres de cette compagnie doivent être beaucoup mieux fournis, ils doivent aussi et se vider beaucoup plus vîte que si les affaires étoient renfermées dans des bornes plus raisonnables, et nécessiter pour remplir la caisse un courant de dépenses plus violent et moins interrompu. D'ailleurs l'argent qûî sort ainsi de ses coffres en trop grande quantité, ne sauroit être employé dans la circulation du pays. Il se substitue au papier qui surpasse ce qu'elle exige nécessairement, et devient par conséquent le superflu de tout ce qu'on y peut employer. Mais comme on ne laissera pas cet argent dans l'inaction, il faut, sous une forme ou sous une autre, l'envoyer chercher au dehors cet emploi profitable qu'il ne peut trouver au dedans ; or cette exportation continuelle de l'or et de l'argent augmente nécessairement, avec les embarras, les dépenses de la banque, occupée sans cesse à trouver de quoi fournir à des coffres qui se vident d'eux-mêmes et si promptement. Une telle compagnie doit donc, en proportion de l'accroissement forcé de ses affaires, augmenter le second article de sa dépense au-delà même du premier.

Supposons une banque particulière, qui d'abord pour fournir à tout ce que la circulation du pays peut aisément absorber de papier, en délivre précisément jusqu'à la somme de quarante mille livres sterlings, et qui en outre, pour suffire aux demandes accidentelles, se voit obligée de garder toujours dans ses coffres dix mille livres sterlings en or et en argent. Si cette banque vouloit faire circuler quarante-quatre mille livres, les quatre mille qui excéderoient ce que la circulation peut aisément absorber, lui reviendroient presque au moment de leur sortie. Il faudroit donc que pour répondre aux demandes accidentelles, cette banque gardât en tout tems dans ses coffres onze mille livres, et même quatorze mille livres sterlings ; dès lors les quatre mille livres qui sont un superflu dans la circulation, ne produiront aucun intérêt : il faudroit même perdre encore toute la dépense qu'entraîne la nécessité de ramener continuellement dans la caisse les quatre mille livres qui en sortent continuellement.

Si chaque compagnie de banque eût toujours bien entendu et bien surveillé ses intérêts, jamais la circulation n'eût été surchargée de papier monnoie : mais aucune d'entre elles n'a su se conduire avec cette prudence, et le papier a toujours surpassé les besoins de la circulation.

C'est pour l'avoir répandu avec une profusion qui revenoit continuellement demander de l'or et de l'argent en échange, que la banque d'Angleterre fut réduite pendant plusieurs années à la nécessité de faire battre de la monnoie d'or depuis la somme de huit cens mille livres, jusqu'à un million sterling, ou tout au moins jusqu'à huit cens cinquante mille liv. Pour suffire à ce grand monnoyage, la banque (vu l'état de dégradation où la monnoie d'or tomba quelques années après), achetoit de l'or en lingots au prix excessif de quatre livres sterlings, qu'elle répandoit bientôt après en monnoie à trois livres dix - sept sous dix deniers et demi, perdant ainsi environ deux et trois et demi sur la fabrication d'une aussi grande somme. Quoique la banque ne payât aucun droit régalien, quoique la nouvelle monnoie fût frappée aux frais du gouvernement, cette libéralité fut inutile et perdue ; elle ne couvrit point les dépenses de la banque.

Les banques écossoises, par une semblable profusion de leur papier, furent toutes obligées de soudoyer constamment à Londres des agens chargés de leur trouver de l'argent à un prix qui étoit rarement au-dessous d'un et demi ou de deux pour cent. Cet argent, qu'apportoient des chariots, voyageoit sous la garantie des voituriers qui prenoient en retour trois quarts pour cent, ou quinze schellings pour cent livres. Malgré tant de frais et tant de pertes, il n'étoit pas toujours possible aux agens de remplir les coffres de leurs commettans aussi promptement que les vidoient les demandes accidentelles. Alors la ressource des banques étoit de tirer sur leurs correspondans à Londres des lettres de change, jusqu'à la somme dont elles avoient besoin ; et lorsqu'ensuite ces correspondans tiroient sur elles pour le paiement de cette somme augmentée de l'intérêt et des frais de commission, on vit quelques unes de ces banques, dans la détresse où leur excessive circulation les avoit jetées, n'avoir d'autres moyens pour sortir d'embarras, que de tirer une seconde lettre de change, soit sur les mêmes correspondans, soit sur quelques autres à Londres ; la même somme, ou plutôt des lettres de change pour la même somme, faisoient ainsi plus de deux ou trois voyages, tandis que la banque débitrice payoit toujours l'intérêt et la

commission sur toute la somme accumulée.
On a vu même des banques écossoises, qui
ne méritèrent jamais le reproche d'une extrême imprudence, recourir à cette ressource
ruineuse.

Comme l'or, que la banque d'Angleterre ou
les banques d'Ecosse donnoient en échange
du papier qu'elles avoient mis de trop dans
la circulation, s'y trouvoit également de
trop, on l'envoyoit chez l'étranger, quelquefois sous la forme de monnoie, quelquefois fondu et mis en lingots. Il arrivoit
aussi que réduit à cette dernière forme, on
le vendoit à la banque d'Angleterre, au prix
excessif de quatre livres sterlings par once.
C'étoient les pièces les plus nouvelles, les plus
pesantes et les meilleures qu'on choisissoit,
ou pour les fondre ainsi, ou pour les envoyer
chez l'étranger. Tant qu'elles restoient dans
le pays sous la forme de monnoie, ces pièces pesantes n'y avoient pas plus de valeur
que les pièces légères ; mais elles en avoient
davantage chez l'étranger, et dans le pays
même, si elles y paroissoient fondues en
lingots. La banque d'Angleterre ne vit pas
sans étonnement que, malgré la grande quantité de monnoie qu'elle faisoit frapper tous
les ans, on en éprouvât chaque année la

même rareté; et qu'au lieu de ces guinées
excellentes que donnoit annuellement la fabrication, les anciennes, chaque jour plus dé-
tériorées, roulassent toujours dans la circulation. Réduite à la nécessité de frapper tous
les ans la même somme d'or, après avoir
acheté plus cher les lingots dont la dégradation continuelle de la monnoie exhaussoit
le prix, elle reconnut que ce grand monnoyage annuel devenoit de plus en plus dispendieux pour elle. Il faut observer que la
banque d'Angleterre, obligée de fournir ses
coffres de guinées, en fournit aussi indirectement tout le royaume, où elle les verse
et les fait couler de mille manières. Aussi a-
t-il fallu, et qu'elle remplaçât toute la monnoie qui manquoit, pour soutenir l'excessive
circulation des papiers écossois et anglois,
et qu'elle remplît le vide que cet excès de
circulation produisoit dans la monnoie nécessaire au royaume. Sans doute les banques
écossoises payèrent toutes fort cher leur imprudence et leur indiscrétion; mais celle
d'Angleterre a payé tout à la fois et pour sa
propre imprudence, et pour l'indiscrétion
beaucoup plus grande encore de toutes les
banques écossoises.

Le commerce excessif que tentèrent quelques

ques hardis spéculateurs dans les deux royaumes unis, fut la première cause de cette excessive circulation du papier-monnoie.

Ce qu'une banque peut avancer prudem-
ment à un marchand ou à un entrepreneur,
ce n'est ni tout le capital qu'ils destinent à leur
commerce, ni même une portion considérable de ce capital ; ces avances n'en sont que la
partie qu'ils seroient obligés de garder chez
eux dans l'inaction, et en argent, pour répondre aux demandes accidentelles. Si le papier-
monnoie que la banque avance n'excède jamais cette valeur, il ne surpassera jamais celle
de l'or et de l'argent qui circuleroient nécessairement dans le pays sans la ressource
du papier-monnoie, et jamais il n'ira au-delà de la quantité que la circulation peut aisément absorber.

Quand une banque escompte à un marchand une véritable lettre de change, qui
est tirée par un véritable créancier sur un
véritable débiteur, et qui, au jour précis
de l'échéance, est réellement payée par ce
dernier, la banque ne fait qu'avancer au
premier une partie de la valeur qu'il seroit
obligé de garder chez lui dans l'inaction, et
en argent, pour répondre aux demandes accidentelles. Le paiement, au jour de l'é-

chéance, rend à la banque la valeur et l'intérêt de ce qu'elle avoit avancé. Une caisse de banque, tant que ses opérations ne s'étendent pas au-delà, ressemble à un étang d'où s'échappe continuellement un courant d'eau continuellement remplacé par un autre qui lui est parfaitement égal ; et comme l'étang reste toujours rempli à-peu-près à la même hauteur, sans qu'il en coûte pour l'y conserver, ni soins nouveaux, ni dépenses nouvelles, ainsi il ne faut que peu de dépenses et de soins pour que la caisse soit toujours remplie.

Un marchand peut quelquefois, sans se livrer à un commerce excessif, avoir besoin d'une somme d'argent comptant, même lorsqu'il n'a plus de lettres de change à faire escompter. Si une banque, indépendamment de ce qu'elle lui a donné en escompte, lui avance d'autres sommes sur les comptes de caisse, et lui en facilite, comme la compagnie écossoise, le remboursement graduel à mesure que la vente des marchandises fait rentrer l'argent du marchand, il est sûr qu'elle le dispense entièrement de la nécessité de garder une partie de ses fonds dans l'inaction, et en argent comptant : les demandes arrivent-elles ? Il peut y répondre suffisamment par ses comptes de caisse.

Cependant la banque, en se livrant à ce genre de commerce, doit examiner soigneusement si dans un court intervalle de tems, tel que quatre, cinq, six, ou huit mois, par exemple, ses débiteurs lui remboursent ordinairement tout ce qu'elle leur avance. Si, durant ces courtes périodes, le plus grand nombre des débiteurs égale les remboursemens aux avances, elle peut continuer à leur prêter son crédit: quelque grand que soit alors le courant qui sort continuellement de la banque, du moins celui qui s'y rend sans cesse ne lui est pas inférieur, en sorte que sans aucun soin nouveau, et presque sans dépense extraordinaire, elle entretient toujours ses coffres à-peu-près également remplis. Si les remboursemens au contraire de ces mêmes débiteurs sont ordinairement trop inférieurs aux avances, la banque ne peut avec sécurité leur continuer son crédit, du moins s'ils continuent à commercer ainsi avec elle: alors le courant qui sort sans cesse est nécessairement trop grand, comparé à celui qui rentre; en sorte qu'à moins d'un effort continuel de dépense extraordinaire, il faut que dans peu la caisse soit tout-à-fait épuisée.

Aussi les compagnies écossoises exigèrentelles pendant long-tems des remboursemens fréquens et réguliers. Elles se soucioient peu de traiter avec des hommes qui ne faisoient pas souvent et régulièrement des opérations avec elles, quelque fortune et quelque crédit qu'ils eussent d'ailleurs. Par cette attention soutenue, outre le premier avantage d'avoir toujours leurs coffres remplis en s'épargnant presque toute dépense extraordinaire, elles en obtinrent deux autres non moins importans.

D'abord, cette attention les mit en état de préjuger raisonnablement sur la seule inspection des registres, si la situation d'un débiteur étoit gênée ou florissante ; car la plupart des hommes ne sont réguliers ou irréguliers dans leurs paiemens, qu'en raison de la prospérité ou de la décadence de leurs affaires. Un particulier qui prête son argent à six ou à douze personnes, peut, ou par lui-même, ou par ses agens, suivre d'un œil attentif la conduite et la situation de chacune d'entre elles ; mais une compagnie de banque qui prête à cinq cens personnes à la fois, et dont l'attention est toujours partagée entre mille autres objets différens, ne sauroit prendre d'informations régulières sur la situation et la sagesse du plus grand nombre de

ses débiteurs, ailleurs que dans ses livres :
sans doute en exigeant des remboursemens
fréquens et réguliers, les compagnies écossoises avoient eu cet avantage en vue.

Cette attention les éloignoit encore du
danger de répandre plus de papier-monnoie
que la circulation du pays n'en pouvoit aisément comporter. Quand elles voyoient dans
un court espace de tems les remboursemens
égaler ordinairement les avances, il étoit
hors de doute que leur papier-monnoie n'a-
voit jamais excédé ni la somme d'or et d'argent que les débiteurs auroient été obligés
de garder chez eux pour répondre aux demandes accidentelles, ni la totalité des espèces qui auroient circulé dans le pays, si
le papier-monnoie n'y eût point existé. La
fréquence, la régularité et l'ensemble des
remboursemens démontroient suffisamment
que la totalité des avances n'avoit dans aucun tems excédé cette partie du capital
dont chaque débiteur auroit dû se pourvoir
en le laissant chez lui sans emploi et en
argent comptant, pour répondre aux demandes survenantes, c'est-à-dire pour obtenir
que rien n'empêchât le reste de son capital
de travailler. Cette partie seule, dans des
intervalles de tems modérés, revient san

cesse dans la main des marchands particuliers, soit en billets, soit en monnoie, et
s'en échappe continuellement sous la même
forme. Si les avances faites par la banque
à chacun d'eux eussent communément excédé cette portion du capital, comment
le montant ordinaire des remboursemens
auroit-il pu, dans des intervalles de tems
modérés, égaler le montant ordinaire des
avances? Le courant, qui seroit entré continuellement dans les coffres de la banque,
n'auroit pu être égal au courant qui sans
cesse en seroit sorti. Les avances du papier, en excédant la quantité d'or et d'argent que chaque marchand réduit à lui-
même auroit été dans la nécessité de garder pour répondre aux demandes accidentelles, eussent bientôt surpassé toute la
quantité d'or et d'argent qui auroit circulé,
en supposant le même commerce dans le
pays, s'il n'y avoit point eu de papier-monnoie; et par conséquent elles auroient dé-
passé la quantité que la circulation en pouvoit aisément comporter, tandis que le superflu de ce papier-monnoie seroit immédiatement retourné à la banque, pour y demander de l'or et de l'argent en échange. Ce second avantage, quoiqu'aussi réel que le

premier, ne fut peut-être pas aussi bien senti par toutes les différentes compagnies de banque écossoises.

Lorsque par la commodité de l'escompte des lettres de change, d'une part, et de l'autre par celle des comptes de caisse, les négocians d'un crédit solide peuvent se dispenser de garder une partie de leurs fonds dans l'inaction et en argent comptant, il ne leur est pas permis d'attendre d'autres secours de la part des autres banquiers, qui ne peuvent aller plus loin sans nuire à leurs intérêts. Une banque ne sauroit sans risque et sans perte avancer à un négociant la totalité ou la plus grande partie du capital circulant qu'il place dans son commerce : car en vain ce capital lui revient sans cesse sous la forme d'argent, et s'éloigne sans cesse sous la même forme, néanmoins la totalité du retour est trop éloignée de la totalité du départ, et la somme des remboursemens trop inégale à la somme des avances, pour répondre dans des intervalles de tems assez courts à tout ce qu'exige la prospérité d'une banque. Celle-ci est encore moins en état d'avancer une partie considérable d'un capital fixe, tel que celui par exemple d'un entrepreneur de forges de fer, qui établit et la

fonderie, et les atteliers, et les magasins et
le logement de ses ouvriers, etc.; ou d'un
exploitateur de mines, qui fouille les vei-
nes du minerai, élève les pompes nécessaires
pour l'épuisement des eaux, trace des chemins aux charois, et leur ouvre des communications; ou d'un agriculteur, qui pour améliorer sa terre défriche, dessèche, enclôt,
engraisse et laboure des champs déserts et incultes, d'une part, et de l'autre bâtit des fermes avec toutes leurs dépendances, comme
étables, greniers, etc. Les retours du capital fixe ont presque toujours beaucoup plus
de lenteur que ceux du capital circulant; et
de telles dépenses, lors même qu'elles sont
dirigées avec la plus grande sagesse et la plus
heureuse intelligence, retournent rarement à
l'entrepreneur avant le terme de plusieurs
années, terme beaucoup trop éloigné pour
convenir à la prospérité d'une banque. Tous
les genres de commerce, toutes les sortes
d'entreprises peuvent sans doute se soutenir
et s'étendre en grande partie avec de l'argent prêté: cependant il est nécessaire alors
que le capital de l'emprunteur soit suffisant
pour assurer, si je puis m'exprimer ainsi,
le capital du prêteur; du moins faut-il que
celui-ci ne coure pas le risque probable de

la moindre perte, quand même les succès du commerce ou de l'entreprise ne seroient pas aussi heureux qu'il se l'étoit promis. Ce n'est donc point à une banque qu'il faut emprunter l'argent qu'on ne peut rendre qu'après plusieurs années ; il faut, en proposant une obligation ou une hypothèque, recourir à des particuliers qui, voulant vivre de l'intérêt de leur argent, sans prendre eux-mêmes la peine de le faire travailler, cherchent pour le placer des hommes d'un crédit solide, qui consentent à le garder durant plusieurs années. Une banque qui prêteroit son argent sans frais ni de contrat ni de papier timbré, et qui donneroit pour le remboursement toutes les facilités accordées par les compagnies de banque écossoises, seroit assurément un prêteur fort commode pour les négocians et les entrepreneurs ; mais, pour une telle banque, ces entrepreneurs et ces négocians seroient les débiteurs les plus incommodes.

Vingt-cinq ans, et plus encore, se sont écoulés, depuis que le papier-monnoie délivré par les différentes compagnies de banque écossoises étoit parfaitement au niveau, ou plutôt un peu au-dessus de tout ce que la circulation du pays en pouvoit aisément compor-

ter. Il est donc permis d'assurer que ces
compagnies accordèrent, durant ce long
terme, aux négocians et aux entrepreneurs
d'Ecosse tout ce qu'il est possible aux banques et aux banquiers d'accorder, sans nuire
à leurs intérêts. Elles ont même fait plus,
puisqu'on les a vu dépasser la mesure : aussi
ont-elles essuyé la perte, ou du moins cette
diminution de profit, qui les frappe toujours,
pour peu qu'elles sortent des bornes raisonnables. Ces négocians et ces entrepreneurs,
qui déja leur étoient redevables de tant de
secours, en souhaitèrent encore davantage.
Sans doute ils pensoient que les banques
peuvent prêter leur crédit pour toutes les
sommes dont le commerçant a besoin, sans
être nécessitées à d'autres dépensés qu'à
l'achat et à l'impression de quelques rames
de papier. Ils se plaignoient des vues étroites
et de l'esprit timide des directeurs, qui, disoit-on, n'étendoient pas leur crédit autant que s'étendoit le commerce national ;
ce qui signifioit sans doute qu'on ne se prê-
toit pas à des projets qui excédoient ce que
devoit être le commerce, soit relativement
au capital de chacun des plaignans, soit relativement à celui qu'ils empruntoient des particuliers par la voie ordinaire des obligations

et des hypothèques. A leur avis, les banques
étoient obligées en honneur de leur fournir ce qui leur manquoit, en leur procu-
rant tous les capitaux qu'ils ne pouvoient
trouver. Celles-ci cependant n'étoient pas du
même avis ; et comme elles refusoient d'étendre leur crédit, quelques uns de ces négocians
eurent recours à un expédient, qui quoique
plus dispendieux, servit néanmoins pendant
quelque tems à tous leurs projets , avec autant de succès qu'auroit pu le faire la plus
grande extension du crédit des banques. Cet
expédient n'étoit autre chose que la ressource
bien connue de tirer réciproquement les uns
sur les autres. Les malheureux négocians ont
quelquefois recours à ce moyen , quand ils
sont à la veille de faire banqueroute. L'Angleterre le connoissoit depuis long-tems ; et
l'on assure qu'elle en fit un grand usage
durant la dernière guerre , quand les bénéfices extraordinaires invitoient à tenter un
commerce plus étendu. D'Angleterre , cet
usage passa en Ecosse, où , en proportion
du commerce borné et du capital médiocre
de la nation , il fut bientôt porté à un excès
que l'Angleterre ne s'étoit jamais permis.

Cette pratique est si connue de tous les
hommes qui sont dans les affaires , qu'on

regardera peut-être comme inutile que j'en donne ici une explication. Mais cet ouvrage peut arriver à des gens étrangers aux affaires; l'effet même de cette ressource sur les opérations de banque est peu connu peut-être du plus grand nombre de ceux qui la mettent en usage: je me crois donc obligé de l'expliquer aussi clairement qu'il me sera possible.

Quand les loix barbares de l'Europe refusoient de prêter leur autorité aux contrats que faisoient entre eux les marchands, les coutumes du commerce adoptées pendant les deux derniers siècles par toutes les nations européennes accordèrent des privilèges si extraordinaires aux lettres de change, qu'aujourd'hui même on obtient plus aisément de l'argent par un papier semblable, que par toute autre espèce d'obligation, sur-tout s'il est payable dans l'intervalle de deux ou de trois mois après sa date. Si au jour de l'échéance celui qui l'a acceptée ne paie pas la lettre aussitôt qu'elle est présentée, il devient dès ce moment banqueroutier. La lettre est protestée et retourne au tireur, qui, s'il ne la paie pas lui-même, devient aussi banqueroutier; et si avant d'arriver à la personne qui la présente pour en toucher le paiement, elle a passé par la main de plusieurs autres personnes, qui successivement en ont avancé l'une à l'autre le montant, soit en argent, soit en marchandises, et qui pour accuser le reçu de ce montant, l'ont toutes endossée chacun à leur tour, en écrivant leurs noms sur le dos de la lettre, chaque endosseur devient responsable du contenu au propriétaire de la lettre; en sorte que s'ils manquent tous à la payer, tous alors sont aussi banqueroutiers. En vain le tireur, et l'accepteur, et les endosseurs, seroient tous d'un crédit douteux, la courte échéance donne encore quelque sûreté au propriétaire; sans doute ils peuvent tous faire banqueroute; mais ce seroit un grand hasard s'ils la faisoient tous en si peu de tems. La maison menace ruine, dit en lui-même le voyageur fatigué; elle ne durera pas longtems; mais ce seroit un hasard si elle tomboit cette nuit: je puis donc hasarder d'y coucher cette nuit.

Je suppose qu'André d'Edimbourg tire sur Benoît de Londres une lettre de change payable à deux mois de date. Benoît dans la réalité ne doit rien à André; mais il consent d'en accepter la lettre, à condition qu'avant le terme du paiement, lui-même tirera sur

André pour la même somme, avec l'intérêt et les frais de commission, une autre lettre payable aussi à deux mois de date. En conséquence, Benoît, avant l'expiration des premiers deux mois, tire sur André, qui lui-même, avant l'expiration des seconds deux mois, donne sur Benoît une lettre pour la même somme payable également deux mois après la date; et avant l'expiration des troisièmes deux mois, Benoît tire sur André une autre lettre, payable encore à deux mois d'échéance. Ce commerce mutuel qui duroit quelquefois, non seulement plusieurs mois, mais encore plusieurs années, ramenoit toujours à André d'Edimbourg la lettre grossie des intérêts et des frais de commission dûs pour toutes les lettres. L'intérêt étoit de cinq pour cent par année, et la commission n'étoit jamais moins que d'un demi pour cent sur chaque traite. La commission ainsi répétée plus de six fois dans l'année, tout l'argent qu'André avoit reçu par cet expédient lui coûtoit annuellement un peu plus de huit pour cent, et bien davantage encore toutes les fois que le prix de la commission augmentoit, ou qu'il falloit payer l'intérêt de l'intérêt et de la commission pour les lettres précédentes: c'est ce qu'on appelloit lever de l'argent par circulation.

Dans un pays, où les fonds appliqués à la plupart des affaires de commerce rapportent ordinairement un bénéfice de six à dix pour cent, c'étoit spéculer assez heureusement que d'emprunter des sommes d'argent, dont le retour couvroit non seulement les frais énormes de l'emprunt, mais fournissoit encore au spéculateur un bon surplus de bénéfice. On appliqua cependant cette ressource à des entreprises vastes et étendues, pour le succès desquelles on n'eut souvent durant plusieurs années d'autres fonds que l'argent qu'on se procuroit aussi chèrement. Sans doute que dans leurs rêves d'or, ces spéculateurs endormis voyoient distinctement ce bénéfice prodigieux : mais à leur réveil, soit lorsqu'ils arrivoient à la fin de leurs entreprises, soit lorsqu'ils étoient hors d'état de les continuer, rarement entroient-ils en possession de la fortune qu'ils avoient imaginée (1).

Les lettres qu'André tiroit sur Benoît, il les faisoit escompter régulièrement deux mois avant leur échéance à l'une des banques d'Edimbourg, comme Benoît faisoit escompter non moins régulièrement, soit à la

____

(1) Voyez à la fin de ce chapitre une note de l'Auteur.

banque d'Angleterre, soit par quelques banquiers de Londres, les lettres qu'il tiroit sur André. Tout ce qui étoit avancé à Londres et à Edimbourg sur ces lettres circulantes l'étoit, à Edimbourg, en papier des banques d'Ecosse, et, à Londres, en papier de la banque d'Angleterre. Quoique les lettres sur lesquelles ce papier avoit été avancé, fussent toutes remboursées, chacune à son tour, aussitôt qu'elles étoient dues, cependant la valeur qui avoit été réellement avancée sur la première traite, ne retournoit jamais à la banque qui l'avançoit; parceque avant que chaque traite fût due, une autre étoit toujours tirée à une somme un peu plus forte que la lettre qui devoit être bientôt payée, et de plus parcequ'il falloit pour le paiement de l'ancienne escompter nécessairement la nouvelle. Ce paiement étoit donc entièrement fictif. Le courant que ces lettres faisoient sortir de la caisse des banques n'étoit jamais remplacé par un courant qui y entrât.

Le papier donné sur ces lettres de change formoit dans plusieurs occasions tout le fonds destiné à conduire quelque projet vaste et étendu d'agriculture, de commerce ou de manufacture; il ne se bornoit point à la partie du capital que l'entrepreneur, privé

de

de la ressource du papier-monnoie, auroit dû garder chez lui sans emploi et en argent comptant, pour répondre aux demandes accidentelles. Aussi la plus grande partie de ce papier excédoit-elle la valeur de l'or et de l'argent qui auroient circulé dans le pays, s'il n'y eût existé du papier-monnoie. Il surpassoit donc ce que la circulation du pays en pouvoit aisément absorber; ce qui le ramenoit promptement aux banques, pour y être échangé contre de l'or et de l'argent qu'elles prenoient où elles pouvoient. C'étoit un capital que les faiseurs de projets avoient adroitement imaginé de tirer de ces banques, non seulement à leur insu et sans leur consentement, mais peut-être encore sans qu'elles se doutassent en aucune manière qu'elles eussent fait réellement l'avance de ce capital.

Si deux individus, qui tirent continuellement l'un sur l'autre, escomptoient toujours leurs lettres chez le même banquier, celui-ci connoîtroit bientôt et verroit clairement que le capital de leur commerce, au lieu de leur appartenir, est formé tout entier des avances qu'on leur fait. Mais cette découverte n'est pas aussi facile à faire, quand ils escomptent leurs traites, tantôt chez un banquier, tantôt chez un autre; et sur-tout, quand au lieu de tirer constamment l'un sur l'autre, ils parcourent, selon l'occasion, un grand cercle de spéculateurs, qui voient un grand intérêt à se prêter un secours mutuel, et à rendre ainsi le plus possible le difficile moyen de distinguer entre des papiers réels et fictifs, entre une lettre tirée par un véritable créancier sur un véritable débiteur, et une lettre pour laquelle il n'y a de créancier réel que la banque qui l'escompte, et de débiteur véritable que le faiseur de projets à qui l'argent profite. Lors même qu'un banquier fait cette découverte, il est trop tard quelquefois pour qu'il puisse en profiter : peut-être a-t-il déja escompté un si grand nombre des traites de ces faiseurs de projets, que s'il refusoit d'en escompter davantage, il les réduiroit tous à la nécessité de faire banqueroute, et qu'en les ruinant, il courroit le risque de se ruiner lui-même. Dans cette situation périlleuse, s'il prend conseil de son intérêt et de sa sûreté, il peut se croire dans l'indispensable nécessité de continuer encore quelque tems avec eux, en tâchant néanmoins, et de se retirer par degré, et d'opposer pour cet effet de jour en jour de plus grandes difficultés, afin que les faiseurs de projets obligés de recourir, soit à d'autres banques, soit à d'autres moyens de faire de l'argent, le tirent de gêne le plutôt possible. Ce fut en opposant de semblables difficultés, que la banque d'Angleterre, les principaux banquiers de Londres, et ceux même d'Ecosse, qui avoient le plus de prudence, après avoir reconnu au bout d'un certain tems qu'ils s'étoient trop avancés, non seulement jetèrent en alarme, mais firent entrer en fureur les faiseurs de projets. Ceux-ci désespérés de leur propre détresse, dont la réserve prudente et nécessaire des banquiers étoit sans doute la cause, lui donnèrent le nom de détresse nationale ; ne l'attribuant qu'à l'ignorance, à la pusillanimité et à la mauvaise conduite des banques, qui ne secondoient pas assez les entreprises patriotiques des citoyens occupés du soin d'embellir, d'améliorer et d'enrichir leur pays. A les en croire, les banques devoient prêter autant et pour aussi long-tems qu'ils pourroient le desirer. Cependant, en refusant de donner plus de crédit à ceux qui n'en avoient déja que trop obtenu, les banques prirent le seul parti qui leur restât à prendre, pour sauver leur propre crédit et celui de la nation.

Au milieu de ces clameurs et de cette dé-

tresse, il s'éleva en Ecosse une nouvelle banque, dont l'intention expresse fut de réparer les malheurs du pays. Le dessein étoit
généreux, sans doute, mais l'exécution fut
imprudente; car la nature et les causes du
mal qu'on vouloit guérir n'étoient peut-être
pas assez connues. Cette banque nouvelle
fut plus facile que toutes les autres à accorder des comptes de caisse, et à escompter
des lettres de change. Il paroît qu'à l'égard
de ces dernières, elle ne fit aucune distinction entre les traites qui étoient réelles et les
traites qui rouloient dans la circulation; les
unes et les autres arrivoient également à l'escompte. Le but de cette institution étoit
d'avancer, sur une caution valable, tout le
capital nécessaire aux améliorations, dont
les retours sont les plus tardifs et les plus
éloignés, tels que les avances faites pour
la culture de la terre. C'étoit, disoit-on,
pour encourager sur-tout ce genre d'améliorations, que l'esprit patriotique avoit imaginé le nouvel établissement. Sans doute
tant de facilité à accorder des comptes
de caisse et à escompter des lettres de
change répandit le nouveau papier avec
profusion : mais comme la plus grande partie de ces billets dépassoit tout ce que la

circulation du pays pouvoit aisément en absorber, ils revenoient à la banque pour y être échangés contre de l'or et de l'argent, aussi promptement qu'ils en étoient sortis. Les coffres n'étoient jamais bien remplis. Le capital qu'on avoit eu le dessein d'y verser par deux différentes souscriptions se montoit à cent soixante mille livres sterlings. Chaque action étoit de cent livres, pour lesquelles on n'en avoit donné que quatre-vingt : encore même cette somme étoit-elle partagée en divers paiemens. Dès le premier, un grand nombre des actionnaires ouvrit un compte de caisse avec la banque; et les directeurs qui, faciles et généreux envers le public, se croyoient obligés de les traiter tous de même, permirent à quelques uns d'entre eux d'emprunter sur ce compte de caisse ce qu'il falloit pour fournir la totalité de leurs paiemens. De cette manière on ne fit que verser dans une caisse ce qu'un moment auparavant on avoit puisé dans une autre; et quand même les coffres seroient toujours restés aussi pleins qu'on auroit pu le desirer, l'excès de la circulation devoit les vider bien plus vîte encore qu'on ne pouvoit les remplir, à moins de recourir au moyen ruineux de tirer une première traite sur Londres , et de la payer à l'échéance , avec l'intérêt et la commission , par une autre traite tirée sur la même place. Mais les coffres étoient mal fournis, et il ne fallut, dit-on, que l'espace de quelques mois pour réduire la banque à cette pitoyable ressource. Les biens des actionnaires étoient évalués à plusieurs millions ; car en souscrivant son obligation , c'est-à-dire le contrat de la banque, chacun d'eux avoit réellement hypothéqué sa fortune pour répondre à tous les engagemens. Une caution aussi considérable ayant donné un grand crédit à la banque , elle se soutint malgré sa conduite trop facile, pendant plus de deux années. Mais enfin elle se vit obligée de s'arrêter , et alors elle avoit en circulation à-peu-près deux cens mille livres sterlings de billets. Pour répondre à cette foule de papiers , qui lui revenoient sans cesse , et aussi vîte qu'ils sortoient de ses mains , elle avoit employé tous les jours l'expédient ruineux de tirer sur Londres des lettres de change, dont le nombre et la valeur augmentoient continuellement, et qui, lorsqu'elle s'arrêta, s'élevoient au-dessus de six cens mille livres sterlings.

Deux ans et quelques mois avoient donc suffi à la banque pour avancer à différentes

personnes plus de huit cens mille livres sterlings à cinq pour cent. Sur les deux cens mille
livres sterlings qu'elle faisoit circuler en billets, peut-être voudra-t-on regarder cet intérêt de cinq pour cent comme un gain clair,
et libre de toute déduction autre que les
frais d'administration ; mais sur les six cens
mille livres, pour lesquelles la banque tiroit
continuellement sur Londres, elle payoit en
intérêts et en frais de commission plus de
huit pour cent ; elle perdit donc plus de trois
pour cent sur les trois quarts de ses opérations.

Il paroît que cette banque produisit un effet
contraire à celui qu'en avoient attendu les
hommes qui, après l'avoir imaginée, se char-
gèrent de la diriger. Ils s'étoient proposé à la
fois et de seconder les entreprises patriotiques,
(c'est ainsi qu'ils considéroient toutes celles
qui pour lors avoient lieu en différentes parties du royaume), et d'attirer à eux la totalité
des affaires, dans l'intention de supplanter les
autres banques d'Ecosse , particulièrement
celle d'Edimbourg , dont la lenteur à escompter les lettres de change avoit donné tant de dé-
plaisir. La nouvelle banque fournit sans doute
aux spéculateurs un secours passager, à l'aide
duquel ils poussèrent l'exécution de leurs

projets au-delà du terme de deux ans. Mais elle ne fit aussi que les enfoncer plus avant dans leurs dettes, en sorte qu'au moment de sa ruine, elle est tombée de tout son poids sur eux et sur leurs créanciers. Ainsi donc au lieu de guérir le mal que les spéculateurs avoient attiré sur leur pays et sur eux-mêmes, la nouvelle banque n'a fait que l'aggraver. Il eût mieux valu pour eux, pour leurs créanciers et pour leur pays, que la plupart d'entre eux eussent été forcés de s'arrêter deux ans plutôt. Cependant le secours passager que fournit cette banque est devenu pour toutes les autres un bien réel et permanent. Quiconque négocioit avec des lettres de change, que les autres banques avoient tant de répugnance à escompter, s'adressoit à la nouvelle qui le recevoit à bras ouverts. Elles ont donc pu sortir aisément de ce dédale fatal, dont jamais il ne leur eût été possible de se dégager, sans essuyer une perte considérable, peut-être même sans tomber jusqu'à un certain point dans le malheur du discrédit.

Ainsi donc ces nouveaux banquiers ont fini d'un côté par augmenter la véritable détresse du pays qu'ils avoient eu dessein de secourir, et de l'autre, par sauver d'un grand malheur ces mêmes rivaux qu'ils s'étoient promis de supplanter.

Dans l'origine de cet établissement, certains esprits s'étoient persuadés qu'avec quelque rapidité que se vidât la caisse, il seroit facile de la remplir, en levant de l'argent sur le cautionnement de ceux à qui on avoit donné du papier. L'expérience à dû les convaincre bien vîte que cette méthode de trouver de l'argent étoit beaucoup trop lente pour répondre à leur dessein ; et que les coffres, assez mal remplis dans leur principe, et dans la suite aussi rapidement épuisés, ne pouvoient réparer leurs pertes continuelles que par le moyen ruineux des lettres de change tirées sur Londres, et payées à l'échéance par d'autres traites sur la même place, avec l'intérêt et les frais de commission accumulés. Cette ressource procuroit sans doute, à l'instant même du besoin, l'argent dont on manquoit ; mais au lieu d'amener un bénéfice, elle nécessitoit une perte à chaque nouvelle opération, en sorte qu'il falloit que la banque, comme compagnie de commerce, se ruinât à la longue par la pratique dispendieuse des traites réciproques. Elle ne pouvoit pas arriver à un meilleur succès, vu l'intérêt du papier qui, trop prodigué dans

la circulation, revenoit pour être échangé
contre de l'or et de l'argent aussitôt qu'il
étoit sorti, et pour le paiement duquel il
falloit continuellement emprunter de l'argent. Au contraire toute la dépense qu'exigeoit cet emprunt, et pour trouver des prêteurs, et pour négocier avec eux, et pour
leur passer des obligations, retombant à
la charge de la banque, étoit une perte
évidente sur la balance de ses comptes. On
peut comparer cette manière de remplir une
caisse, à la méthode d'un homme qui, possesseur d'un étang, en feroit sortir sans cesse
un courant d'eau, que ne vient point remplacer une source constante, et qui néanmoins prétendroit tenir son étang toujours
à la même hauteur, par le moyen d'une
multitude de gens qui, occupés à prendre
de l'eau dans un puits, à quelques milles de
distance, seroient chargés d'en apporter
sans cesse, pour tenir lieu de celle qui sort
continuellement.

Mais quand même cette opération eût été
à la fois et facile et profitable à la banque
considérée comme compagnie de commerce,
le pays, bien loin d'en retirer aucun avantage, en auroit toujours souffert des pertes
considérables. Cette opération n'augmentoit

pas la quantité d'argent à prêter ; elle ouvroit
seulement à tout le pays une sorte de bureau de prêt. Ceux qui avoient besoin d'emprunter s'adressoient nécessairement à ce
bureau plutôt qu'aux particuliers qui lui
avoient prêté leur argent. Mais une banque
qui prête peut-être à cinq cens personnes,
dont le plus grand nombre est très peu connu
des directeurs, ne sauroit par cela même
choisir ses débiteurs, avec la prudence d'un
particulier qui prête son argent à un petit
nombre de personnes qu'il connoît, et dont
la sage conduite est faite pour lui inspirer
de la confiance. Les débiteurs de la banque
nouvelle devoient la plupart se trouver naturellement dans la classe des faiseurs de
projets chimériques ; c'étoient des hommes à
tirer réciproquement les uns sur les autres
des lettres de change, à se ruiner pour des
entreprises dont le succès étoit impossible,
même avec tous les secours qu'on leur pro-
diguoit ; des hommes enfin qui, fussent-ils
arrivés à quelques succès, n'auroient jamais
trouvé ni de quoi s'indemniser de leurs folles
dépenses, ni de quoi se former un fonds
assez considérable pour entretenir par la
suite une quantité de travail égale à celle
qu'ils avoient d'abord employée. Il est plus

naturel au contraire que les sages et économes débiteurs d'un particulier placent l'argent qu'ils empruntent dans des entreprises
sagement proportionnées à leurs capitaux ;
celles-ci à la vérité n'ont rien de grand et de
merveilleux ; mais solides et profitables,
elles rendent toutes les avances, et les rendent avec un tel profit, qu'elles produisent
un fonds capable d'entretenir une somme
de travail beaucoup plus grande que celle
qu'il a fallu pour arriver au succès. Aussi
les opérations de la nouvelle banque, n'ayant
pu en aucune manière augmenter le capital
du pays, en enlevèrent, pour tout succès,
une grande partie aux entreprises utiles et
bien combinées pour la donner à des projets
insensés et ruineux.

Le fameux Law pensoit que l'industrie d'Ecosse languissoit faute d'argent
qui la mît en œuvre. Il imagina donc
une banque d'une espèce particulière qui,
en donnant du papier pour la somme de
toute la valeur des terres, remédieroit à ce
besoin d'argent. Le parlement d'Ecosse, auquel il présenta d'abord son projet, ne ju-
gea pas convenable de l'adopter. Philippe,
duc d'Orléans et régent du royaume de
France, l'accueillit ensuite, après y avoir

fait quelques changemens ; l'idée qu'il étoit possible de multiplier le papier-monnoie dresque à l'infini, fut la véritable base de ce qu'on appelle le systême de Mississipi, projet de banque et d'agiotage le plus extravagant peut-être qu'on ait jamais vu. M. Duvernay, dans son examen des réflexions politiques sur le commerce et les finances par M. Dutot, a expliqué d'une manière si complette et si claire, et avec tant d'ordre et de méthode les diverses opérations de ce systême, que je me crois dispensé d'en parler. Dans un discours sur l'argent et sur le commerce, qu'il publia en Ecosse au moment où il fit la proposition de son projet, ainsi que dans quelques autres écrits sur le même sujet, Law a développé lui-même les fondemens sur lesquels il s'appuyoit. C'est là qu'on trouve étalées des idées magnifiques, mais visionnaires, qui font encore impression sur certains esprits, et qui peut-être ont produit en partie les opérations excessives de banque, dont on s'est plaint depuis peu en Ecosse et ailleurs.

L'Europe n'a pas de banque de circulation plus considérable que celle d'Angleterre. Un acte du parlement en autorisa la création ; et une charte du grand sceau, datée du 27 Juillet 1694, lui donna l'existence. Elle en fit usage aussi-tôt, en avançant au gouvernement un million deux cens mille livres sterlings, pour une rente constituée de cent mille livres sterlings ; ou pour quatre-vingt-seize mille livres d'intérêt annuel, au taux de huit pour cent, avec quatre mille livres par an, pour les frais de régie et d'administration. Le nouveau gouvernement que venoit d'établir la révolution avoit sans doute bien peu de crédit, puisqu'il étoit forcé d'emprunter à si haut intérêt.

En 1697, on permit à la banque d'augmenter son fonds capital d'un million mille cent soixante et onze livres dix sous. La totalité du capital s'éleva donc à la somme de deux millions deux cens un mille cent soixante et onze livres dix sols. On vouloit, disoit-on, relever le crédit public ; car en 1696 les tailles avoient perdu quarante, cinquante et soixante, et les billets de banque jusqu'à vingt pour cent (1) ; de plus on travailloit à la grande refonte de l'argent ; et la banque qui avoit jugé convenable de

---

(1) Histoire du revenu public, page 301, par Jacques Postlothwaitez.

suspendre le paiement de ses billets, les avoit fait nécessairement tomber dans le discrédit.

En conséquence de l'acte de la septième année du règne de la reine Anne, chapitre VII, la banque avança et paya à l'échiquier la somme de quatre cens mille livres sterlings, qui avec le million deux cens mille livres qu'elle avoit précédemment avancé au gouvernement, faisoit en tout une avance d'un million six cens mille livres, sur la rente originairement constituée de quatre-vingt-seize mille livres d'intérêt, en y ajoutant quatre mille livres pour les frais d'administration. Il s'en suit donc qu'en 1708 le gouvernement jouissoit d'un aussi bon crédit que les particuliers, puisqu'il empruntoit à six pour cent d'interêt, ce qui formoit en ce tems le taux ordinaire et légal de l'argent. En conséquence du même acte, la banque annula pour un million sept cens soixante-quinze mille vingt-sept livres dix sept sous dix deniers et demi de billets de l'échiquier, à six pour cent d'intérêt, et il lui fut permis en même tems de recevoir des souscriptions pour doubler son capital. En 1708, le capital se monta donc à quatre millions quatre cens deux mille trois cens quarante-trois

livres; et elle avoit avancé au gouvernement la somme de trois millions trois cens
soixante - quinze mille vingt-sept livres dix-
sept sous dix deniers et demi.

Par deux appels, le premier de quinze
pour cent, en 1709, et le second de dix pour
cent en 1710, on fit d'abord un fonds
de six cens cinquante-six mille deux cens
quatre livres un sou neuf deniers; ensuite
un autre de cinq cens un mille quatre cens
quarante-huit livres douze sous onze deniers.
Moyennant ces deux supplémens, le capital de la banque s'éleva à cinq millions cinq
cens cinquante-neuf mille neuf cens quatre-
vingt-quinze livres quatorze sous huit deniers.

En conséquence de l'acte de la troisième
année du règne de Georges premier, chapitre VIII, la banque abandonna pour deux
millions de billets de l'échiquier, qui furent
annulés. Elle avoit donc avancé au gouvernement cinq millions trois cens soixante-quinze
mille vingt - sept livres dix-sept sous dix
deniers. En conséquence de l'acte de la hui-
tième année du règne de Georges premier,
chapitre XXI, la banque acheta de la compagnie de la mer du Sud, un fonds de quatre millions de livres; et en 1722, à l'aide des
souscriptions

souscriptions qu'elle avoit reçues pour se mettre en état de faire cette acquisition, son capital fut augmenté de trois millions quatre cens mille livres. Alors la banque avoit donc avancé au public neuf millions trois cens soixante-quinze mille vingt-sept livres dix-sept sous dix deniers et demi ; et son fonds capital ne se montoit qu'à huit millions neuf cens cinquante-neuf mille neuf cens quatre-vingt-quinze livres quatorze sous huit deniers. Ce fut alors que la somme dont la banque avoit fait l'avance au public, et pour laquelle elle recevoit des intérêts, commença à excéder le fonds capital, ou la somme pour laquelle elle payoit un dividende aux propriétaires de ces fonds ; c'est-à-dire, en d'autres termes, qu'alors elle commença d'avoir deux capitaux, l'un qui avoit un dividende, et l'autre qui n'en avoit pas. Depuis cette époque elle est toujours restée dans la même situation. En 1746 elle avoit avancé au public, en différentes occasions, onze millions six cens quatre-vingt-six mille huit cens livres ; et son capital portant dividende étoit monté par différens appels et par diverses souscriptions à dix millions sept cens quatre-vingt mille livres : ces deux sommes sont toujours restées les mêmes.

Tome II. G -

En conséquence de l'acte de la quatrième année du règne de Georges III, chapitre XXV, la banque, pour le renouvellement de sa charte, se soumit à payer au gouvernement cent dix mille livres sans intérêt ni remboursement : cette dernière somme n'ajouta donc rien aux deux sommes premières.

Le dividende de la banque a varié en différens tems, suivant le taux de l'intérêt qu'elle a reçu pour l'argent qu'elle avoit avancé au public ; il a varié aussi pas l'effet de quelques autres circonstances. Ce taux de l'intérêt est descendu par degrés de huit à trois pour cent ; et pendant quelques unes des années dernières le dividende a été de cinq et demi pour cent.

La banque d'Angleterre est aussi stable que le gouvernement britannique. Avant que ses créanciers puissent rien perdre, il faut que toutes ses avances au public soient perdues. Elle n'a point à craindre de rivale, puisque nulle autre compagnie de banque, en Angleterre, ne peut ni s'établir par acte du parlement, ni se composer de plus de six membres. Elle agit non seulement comme banque ordinaire, mais comme grande machine d'Etat. La caisse reçoit et paie la plus grande partie des annuités qui sont dues aux créanciers de l'Etat, met en circulation les billets de l'échiquier, et fait au gouvernement les avances du montant annuel des taxes imposées sur la drèche et sur les terres, qui souvent ne sont payées que plusieurs années après. Il est possible que, dans le cours de ces différentes opérations, ses engagemens envers le public l'aient obligée quelquefois à surcharger la circulation de papier-monnoie, sans qu'il y ait eu aucune faute de la part de ses directeurs. Elle escompte aussi les lettres de change des négocians ; et plus d'une fois elle a soutenu le crédit des principales maisons, non seulement d'Angleterre, mais de Hambourg et de Hollande. On dit qu'en 1763 elle avança, pour cet effet, en huit jours, environ un million six cens mille livres, dont la plus grande partie fut livrée en lingots. Je ne garantis cependant l'exactitude ni de la somme ni du tems. En d'autres occasions, cette grande compagnie s'est vu réduite à payer en pièces de six sous.

Ce n'est pas en augmentant le capital d'un pays, mais en faisant travailler et produire la plus grande partie de ce capital, que les opérations les plus judicieuses d'une banque peuvent accroître l'industrie nationale. Cette partie du capital, qu'un marchand est obligé de garder sans emploi et en argent comptant pour répondre aux demandes accidentelles, est si bien un fonds mort, que, tandis qu'elle reste dans cet état, elle ne produit rien, ni pour le marchand, ni pour la société. Mais, par de sages opérations de banque, le négociant se trouve en état de convertir ce fonds mort en un capital vivant et productif; il lui fait prendre la forme des matières premières, des outils, des instrumens et des machines, des provisions et des subsistances pour les ouvriers; en un mot, il en fait un fonds qui produit quelque chose pour lui et pour la société. La monnoie d'or et d'argent qui circule, et qui fait circuler annuellement le produit de la terre et du travail, en le distribuant aux consommateurs, est, de même que l'argent comptant du marchand, au rang des fonds stériles et morts. C'est une partie très précieuse du capital de la société; mais la société n'en retire rien: de sages opérations de banque, au contraire, en substituant le papier à une grande partie de cet or et de cet argent, mettent la société en état de convertir une grande partie de ce fonds mort en un fonds actif et fécond, en un capital productif pour elle. Je comparerois l'or et l'argent monnoyés répandus dans un pays, à deux grands chemins qui servent à transporter au marché tous les fourrages et tous les grains, mais qui ne produisent ni grain ni fourrage. Une banque, qui conduit ses opérations avec sagesse, en établissant, si l'on me permet l'audace de cette métaphore, une sorte de route dans les airs, donne à une société la facilité de convertir, pour ainsi dire, une grande partie de ses grands chemins en bons pâturages et en terres à blé ; et par là même elle sert à augmenter considérablement le produit annuel de la terre et du travail. Cependant, il faut l'avouer, ni le commerce ni l'industrie, quelque accroissement que la banque puisse leur donner, ne peuvent être aussi sûrs, quand ils sont, pour ainsi dire, portés et suspendus sur les ailes du papier-monnoie, que lorsqu'ils voyagent sur le terrein solide de l'or et de l'argent. Indépendamment des dangers que leur fait courir la mal-adresse de ceux qui conduisent ce papier-monnoie, il en est plusieurs autres dont nulle sagesse, nulle science humaine ne sauroit les garantir.

Une guerre malheureuse, par exemple, durant laquelle l'ennemi s'empare du capital de la nation, et par conséquent du trésor sur lequel s'appuyoit le crédit du papier-mon-

noie, seroit bien plus funeste à une nation qui
fait tout par la voie du papier , qu'à un peuple au milieu duquel la plus grande partie des
affaires se solde en or et en argent. Chez la
premiere , l'instrument ordinaire du commerce ayant perdu sa valeur , aucun échange
ne se feroit que par troc ou sur crédit. Comme
on auroit payé habituellement toutes les taxes
en papier-monnoie , le prince n'auroit plus
de quoi donner, ni à la solde des troupes, ni
au fournissement des magasins ; et la nation
seroit dans un état plus désespéré que si l'or
ou l'argent eussent alimenté la plus grande
partie de la circulation. Tout prince, jaloux
d'avoir toujours en sa disposition le moyen
le plus facile de défendre ses domaines, doit
donc se garder , non seulement de cette excessive multiplication de papier-monnoie qui
ruine les banques d'où il sort , mais encore
de cet excédent qui nécessite les banques à
faire aller la plus grande partie de la circulation par le moyen du papier-monnoie.

On peut regarder la circulation d'un pays
comme ramifiée en deux branches bien dis-
tinctes : la premiere met les commerçans en
rapport les uns avec les autres ; la seconde
lie entre eux les commerçans et les consommateurs. Quoique les mêmes pièces de mon-

noie, soit en papier, soit en métal, puissent
entrer quelquefois dans l'une et quelquefois
dans l'autre ; cependant comme toutes les
deux vont toujours dans le même tems, chacune, pour être en activité, exige un certain
capital de monnoie d'une ou d'autre espèce.
La valeur des denrées qui circulent de marchand à marchand ne peut jamais excéder
la valeur de celles qui passent des marchands
aux consommateurs, puisque tout ce qui est
acheté par ceux-là doit être en dernier résu-
mé vendu à ceux-ci. Il faut en général à la
circulation établie entre les marchands, attendu qu'elle se fait en gros, une assez grande
somme pour chaque affaire particulière. Celle
au contraire qui existe entre les marchands
et les consommateurs, ne se faisant ordinairement qu'en détail, n'exige souvent que de
petites sommes. Un schelling, ou même un
demi-sou, suffit plus d'une fois : mais les
petites sommes ont un mouvement plus rapide que les grandes. Un schelling change de
maître plus souvent qu'une guinée, et un
demi-sou plus souvent qu'un schelling. Aussi,
quoique les achats annuels de tous les consommateurs soient au moins égaux en valeur
à ceux de tous les marchands, ils peuvent
en général se faire à l'aide d'une plus petite

quantité d'argent, parceque les petites monnoies, par la rapidité de leur circulation, ac-
quittent un plus grand nombre d'achats.

Il est possible de régler le papier-monnoie
de manière, ou qu'il ne serve qu'à la circulation établie entre les marchands, ou qu'il
s'étende aussi à une grande partie de celle
qui règne entre ceux-ci et les consommateurs.
Si, de même qu'à Londres, il ne circuloit aucun billet de banque au-dessous de dix livres
sterlings, le papier - monnoie se confineroit de lui-même au milieu des marchands ;
car lorsqu'un billet de banque de dix livres
sterlings arrive dans les mains d'un consommateur, celui-ci est ordinairement obligé de
l'échanger à la première boutique où il achète
pour cinq schellings de marchandises, en
sorte que souvent le papier a déja passé dans
les mains d'un autre marchand, avant que
le consommateur ait dépensé la quarantième
partie de l'argent que l'échange lui a donnée.
Par-tout, où comme en Ecosse, circulent des
billets de banque de la somme modique de
vingt schellings, le papier -monnoie s'étend
à une partie considérable de la circulation
établie entre les marchands et les consommateurs. Avant que le parlement eût supprimé les billets de banque de quinze schellings,

ce papier entroit avec bien plus d'affluence dans la seconde branche de la circulation. Le papier qui avoit cours dans l'Yorck - Shire avoit des billets de la valeur de six sous.

Lorsque des billets de banque d'une somme aussi modique sont autorisés et reçus par la loi dans l'usage ordinaire, l'homme même du bas peuple peut devenir banquier. Celui qui ne pourroit faire accepter à personne ses propres billets pour cinq livres sterlings, ou même pour vingt schellings, trouve des gens qui les reçoivent sans scrupule s'ils ne sont que de six sous. Mais les banque-routes fréquentes, dont le risque menace ces pauvres banquiers, peuvent livrer à de grands embarras, et quelquefois même à un très grand malheur la plupart des citoyens qui, placés dans les conditions inférieures, ont reçu ces billets en paiement.

Peut-être vaudroit-il mieux qu'il n'y eût dans tout le royaume aucun billet au-dessous de cinq livres sterlings. Il est probable qu'alors le papier-monnoie dans tout le royaume se confineroit à la seule circulation établie entre les différens marchands, comme on le voit aujourd'hui à Londres, où il n'existe point de billets de banque au-dessous de la valeur de dix livres sterlings :

car, quoique dans la plus grande partie du royaume cinq livres sterlings forment une somme qui achète une fois plus de marchandises qu'elle n'en peut acheter à Londres, il doit être rare qu'on dépense cinq livres en province plus inconsidérément et plus vîte qu'on n'en dépense dix au milieu du luxe et des prodigalités de la capitale.

Il faut observer que, dans les lieux où le papier-monnoie, ainsi qu'à Londres, est presque entièrement confiné à la circulation entre les marchands, l'or et l'argent se trouvent en abondance ; tandis qu'ils sont presque totalement bannis des lieux où, comme en Ecosse, et sur-tout dans le nord de l'Amérique, il s'étend à une partie considérable de la circulation entre les marchands et les consommateurs : en effet, dans ces deux contrées, le papier suffit presque à toutes les opérations du commerce intérieur. En supprimant les billets de quinze schellings, on diminua un peu en Ecosse la rareté de l'or et de l'argent ; et sans doute qu'on l'eût diminuée encore davantage, si l'on eût supprimé les billets de vingt schellings. On dit que l'or et l'argent roulent plus abondamment en Amérique depuis la suppression de quelques uns des papiers qui avoient cours dans nos colonies ; on dit aussi que ces métaux y étoient plus abondans avant l'institution de ces mêmes papiers.

Et quand il seroit vrai que le papier-monnoie se concentreroit presque entièrement dans les mains seules des marchands, les banques et les banquiers en donneroient-ils moins à l'industrie et au commerce du pays presque les mêmes secours qu'ils leur donnoient avant que la plus grande partie de la circulation se fît en papier? Tout l'argent comptant qu'un marchand est obligé de garder chez lui pour répondre aux demandes accidentelles, est destiné à circuler entre lui et ceux dont il achète les marchandises. Quant à la circulation établie entre lui et les consommateurs qu'il fournit, elle n'exige de lui aucun argent : il ne leur en donne point, et ils lui en apportent. On auroit donc beau ne permettre le papier-monnoie que pour des sommes qui le concentreroient en très grande partie parmi les marchands, l'escompte des lettres de change réelles et les emprunts sur les comptes de caisse mettroient toujours les banques et les banquiers en état de soustraire les marchands à la nécessité de garder chez eux une partie considérable de leurs fonds sans em-

ploi et en argent comptant, pour répondre aux demandes accidentelles. Ces marchands pourroient en retirer encore les secours que toutes les sortes de commerce
ont le droit d'attendre raisonnablement des
banques et des banquiers.

Empêcher un individu de recevoir en
paiement, quand il veut bien les accepter,
les billets d'un banquier pour une somme
quelque grande ou quelque petite qu'elle soit,
ou bien empêcher un banquier de donner ses
billets à des personnes qui ne les refusent pas,
c'est, dit-on, blesser ouvertement cette liberté
naturelle que le but des institutions sociales
est de protéger et non de tyranniser. Il est hors
de doute que de semblables réglemens sont
à quelques égards une violation des droits
de la nature : mais les gouvernemens les plus
libres, comme les plus despotiques, doivent par l'autorité des loix restreindre l'exer-
cice de la liberté naturelle, lorsque l'usage
qu'en font quelques individus mettroit en
danger la sûreté de la société toute entière.
Si donc on adoptoit pour le commerce des
banques les réglemens qu'on propose ici,
on ne violeroit pas plus la liberté naturelle
qu'on ne l'offense en obligeant les propriétaires des maisons à bâtir des murs mitoyens

pour empêcher la communication du feu.

Un papier-monnoie, en billets de banque donnés par des hommes d'un crédit solide, s'il est payable à vue sans aucune autre condition, et s'il est en effet toujours payé dès qu'on le présente, vaut sous tous les rapports la monnoie d'or et d'argent, puisque dans tous les tems et à volonté on peut l'échanger contre de l'or et de l'argent. Tout ce que ce papier achète, tout ce que l'on vend avec ce papier, doit être nécessairement acheté ou vendu aussi bon marché que si l'on donnoit ou si l'on recevoit de l'or et de l'argent.

On a dit que la multiplication du papier-monnoie, en augmentant la quantité, et conséquemment en diminuant la valeur de la circulation totale, exhaussoit nécessairement le prix pécuniaire de toutes les denrées : mais, comme la quantité d'or et d'argent qu'on ôte de la circulation est toujours remplacée par une égale quantité de papier qu'on y ajoute, le papier-monnoie n'augmente donc pas nécessairement la quantité de la circulation totale. Depuis le commencement du dernier siècle jusqu'au tems présent, les vivres ont toujours été aussi chers en Ecosse qu'ils le furent en 1759 ; et cependant à cette époque la circulation des billets de banque de quinze schellings avoit introduit dans le pays beaucoup plus de papier - monnoie qu'on n'y en trouve aujourd'hui. La proportion entre le prix des vivres en Ecosse et leur prix en Angleterre est aujourd'hui ce qu'elle étoit avant la grande multiplication des banques écossoises. Le blé n'est souvent pas plus cher en Angleterre qu'en France, quoiqu'en France il y ait fort peu de papier - monnoie, et qu'il y en ait beaucoup en Angleterre. En 1751 et 1752, lorsque M. Hume publia ses discours politiques, et bientôt après que l'Ecosse eût multiplié son papier-monnoie, le prix des vivres éprouva une hausse très sensible; mais elle fut occasionnée probablement par les mauvaises saisons, et non par la multiplication du papier-monnoie. Il n'en seroit pas de même à la vérité d'un papier-monnoie en billets, soit que le paiement immédiat en dépendît à quelques égards de la bonne volonté de ceux qui le délivreroient, soit que le porteur fût soumis à une condition qu'il ne seroit pas toujours en état de remplir, soit encore que le paiement ne fût exigible qu'au bout d'un certain nombre d'années, et que cependant le papier ne portât aucun intérêt.

Sans doute un semblable papier-monnoie
tomberoit plus ou moins au-dessous de la
valeur de l'or et de l'argent, suivant que
l'on en supposeroit le paiement plus ou moins
incertain, plus ou moins difficile, plus ou
moins éloigné.

Les différentes compagnies de banque écossoises étoient, il y a quelques années, dans
l'usage d'ajouter à leurs billets une clause
qu'elles appelloient OPTIONNELLE. Selon
cette clause, le porteur pouvoit recevoir son
paiement, soit aussitôt que le billet étoit présenté, soit, si les directeurs le préféroient,
six mois après cette présentation, avec l'intérêt légal de ces six mois. Les directeurs de
quelques unes de ces banques se prévalu-
rent de la clause, et menacèrent quelquefois d'en profiter, si ceux qui leur deman-
doient de l'or et de l'argent en échange
d'un grand nombre de billets, refusoient de
restreindre une partie de leurs demandes.
Les billets de ces différentes compagnies
formoient alors la plus grande partie du papier-monnoie d'Ecosse ; et cette incertitude
de paiement le réduisoit nécessairement
au-dessous de la valeur de l'or et de l'argent
monnoyés. Pendant la durée de cet abus,
qui prévalut principalement en 1762, 1763

et 1764, tandis que le change étoit de niveau
entre Londres et Carlisle, Dumfries, qui
n'est pas à trente milles de distance de Carlisle, perdoit quelquefois quatre pour cent
avec Londres. Mais à Carlisle les lettres de
change étoient payées en or et en argent, au
lieu qu'elles étoient acquittées en billets de
banque écossoise à Dumfries. Or la clause
optionnelle, en rendant le paiement de ces
billets incertain, occasionnoit cette perte de
quatre pour cent; mais le même acte du
parlement qui supprima les billets de banque de quinze schellings, ayant aussi supprimé cette clause optionnelle, rétablit l'é-
change entre l'Angleterre et l'Ecosse à son
taux naturel, c'est-à-dire qu'il le reporta à
ce qu'il pouvoit être naturellement par le
cours du commerce et des remises.

Au comté d'Yorck, lorsque dans l'échange
d'une guinée on faisoit entrer un billet monnoie d'une somme aussi médiocre que celle
de six sous sterlings, la condition insérée au
billet empêchoit quelquefois de le recevoir;
et cette condition, qu'il n'étoit pas toujours facile de remplir, devoit nécessairement rabais-
ser le papier au-dessous de l'or et de l'argent monnoyés: en conséquence un acte du
parlement déclara toutes ces conditions illé-
gales,

gales, et supprima dans le comté d'Yorck, ainsi qu'il l'avoit fait en Ecosse, tous les billets au porteur au-dessous de la valeur de vingt shellings.

Le papier qui avoit cours dans l'Amérique septentrionale n'étoit pas en billets de banque payables au porteur et à vue, mais en papier d'Etat, dont le paiement n'étoit exigible que plusieurs années après la date de son émission ; et quoique les colonies ne payassent aucun intérêt au porteur de ce papier, elles l'avoient déclaré et rendu propre à devenir, sans perte et sans diminution, une offre légale de paiement. Mais en convenant de la solidité du crédit de la colonie, il faut convenir aussi que cent livres sterlings, payables au bout de quinze ans, n'en valoient guère plus de quarante en argent comptant, dans une contrée où l'argent rapporte six pour cent d'intérêt ; et qu'alors, obliger un créancier à recevoir un pareil paiement pour une somme de cent livres avancées en argent comptant, c'étoit une injustice criante, dont aucun des gouvernemens, qui se prétendent libres, n'avoit donné l'exemple. Cette invention, dit le docteur Douglas, est due à des débiteurs de mauvaise foi, qui cherchoient à frustrer leurs créanciers. Le gouvernement de Pensilvanie

Tome II.   H

prétendit à la vérité, lors de la première émission de son papier-monnoie, en 1722, lui donner la valeur de l'or et de l'argent, en décernant des peines contre ceux qui vendroient leurs marchandises pour du papier de la colonie plus chèrement qu'ils ne les auroient vendues pour de l'or et de l'argent : mais ce réglement, aussi tyrannique que le premier, étoit d'une exécution bien plus difficile. En effet, une loi positive peut bien faire qu'un shelling soit le paiement légal d'une guinée, parceque du moment qu'un débiteur aura fait l'offre du shelling, les tribunaux le déclareront acquitté de la guinée ; mais aucune loi positive ne forcera un marchand, qui peut ou vendre ou ne pas vendre à sa volonté, d'accepter un shelling pour l'équivalent d'une guinée, dans le prix de ses marchandises. Aussi, malgré tous les réglemens de cette espèce, on a vu, par le cours du change de l'Amérique septentrionale avec la Grande-Bretagne, que cent livres sterlings valoient quelquefois dans certaines colonies cent trente, même onze cens livres de cours. Cette énorme différence provenoit de la quantité plus ou moins grande de papier répandu dans les diverses colonies ; elle provenoit encore du plus ou du moins de probabilité du paiement, et de

la longueur du terme auquel ce papier devoit être acquitté et retiré.

Il n'est donc pas de loi plus équitable que
l'acte du parlement, dont les colonies se
sont plaint avec tant d'injustice ; acte qui
a déclaré nulle toute offre de paiement faite
avec le papier qui s'y répandroit par la suite.

La Pensilvanie, dans ses émissions, fut
toujours plus réservée qu'aucune autre de
nos colonies. Cette réserve conserva toujours
à son papier la valeur de l'or et de l'argent
qui circuloient dans la colonie avant l'introduction du papier-monnoie. Quelque tems
avant cette introduction, la Pensilvanie
avoit haussé le prix nominal de sa monnoie, en ordonnant, par un acte d'assemblée, que cinq shellings sterlings auroient la
valeur de six shellings trois sous, et par
un second acte, celle de six shellings huit
sous. Ainsi, dans le tems même que la
monnoie d'or et d'argent faisoit toute la
circulation de la colonie, une livre de cours
étoit de plus de trente pour cent au - dessous de la valeur d'une livre sterling ; et
lorsque le papier représenta l'argent, elle
tomba rarement au - dessous de cette valeur. Le motif de cette hausse nominale fut
d'empêcher l'exportation de l'or et de l'ar-

gent, en donnant à ces métaux dans la colonie une valeur plus grande que celle dont
ils jouissoient en Angleterre. Mais comme le
prix de toutes les marchandises qui venoient
de la contrée-mère dans la Pensilvanie suivit
progressivement l'accroissement du prix nominal de la monnoie, l'exportation de l'or
et de l'argent ne fut pas ralentie par cette
opération.

A la vérité le papier des colonies, sans rien
perdre de la valeur pour laquelle on l'avoit
donné, étoit reçu en paiement des taxes pro-
vinciales ; il jouissoit donc nécessairement
par ce moyen d'une augmentation de valeur
qu'il ne pouvoit tenir de l'éloignement réel
ou supposé du terme auquel il devoit être
acquitté et retiré. Cette valeur additionnelle
étoit proportionée à la quantité de papier
plus ou moins grande qui pouvoit servir à
acquitter les taxes de chaque colonie ; et
dans toutes les colonies cet emploi avantageux étoit loin d'absorber la quantité du papier mis dans la circulation.

Un prince qui ordonneroit qu'une certaine
partie des taxes publiques seroit payée en un
papier - monnoie particulier, pourroit, par
cette ordonnance, donner quelque valeur à ce
papier, quand même le terme où il devroit

être enfin acquitté et retiré dépendroit absolument de la volonté du prince. Et si la banque chargée de délivrer ce papier avoit la
prudence d'en maintenir l'émission toujours
un peu au-dessous de la quantité qu'exigeroit
le paiement des taxes, ce papier pourroit
alors, par la grande demande qu'on en feroit,
porter une prime, ou gagner dans la circulation quelque chose au-dessus de la valeur in-
trinsèque de l'or et de l'argent, pour laquelle
il auroit été délivré. Quelques personnes adap-
tent cette hypothèse à l'agiotage de la banque d'Amsterdam, et expliquent ainsi la supériorité de l'argent de banque sur l'argent
de cours, quoique cet argent de banque ne
puisse être, à ce qu'elles prétendent, retiré
de la banque à la volonté du propriétaire.
La majeure partie des lettres de change étrangères doit être payée en argent de banque,
c'est-à-dire, par un transport sur les livres
de la banque; et les directeurs, dit-on encore, prennent sagement le soin de tenir la
quantité totale de l'argent de banque toujours au-dessous de la demande qu'on peut
en faire pour l'appliquer à cet emploi : par
ce moyen, ajoutent-elles, l'argent de banque porte une prime, ou gagne quatre ou
cinq pour cent au-dessus de la même somme

H iij

effective d'or et d'argent. Cependant cette explication de la banque d'Amsterdam (ainsi que j'espère le démontrer par la suite) est presque entièrement chimérique.

Un papier de cours, qui tombe au-dessous de la valeur de la monnoie d'or et d'argent, ne fait pas baisser la valeur de ces métaux ; et le discrédit de ce papier ne fera pas que d'égales quantités de ces métaux soient échangées contre une moindre quantité de marchandises : car ce n'est ni à la nature, ni à la quantité de quelque papier-monnoie particulier, répandu dans un pays quelconque, que se trouve jamais subordonnée la proportion entre la valeur de l'or et de l'argent et celle des marchandises de toute autre espèce. Cette proportion dépend dans tous les cas de la richesse ou de la pauvreté des mines qui approvisionnent actuellement de ces métaux le grand marché du monde commerçant. Elle dépend de la proportion respective entre la quantité de travail qui suffit pour porter une quantité d'or et d'argent au marché, et celle qui est nécessaire pour y porter une égale quantité de toute autre marchandise.

Qu'on empêche les banquiers de délivrer des billets de banque ou des billets au porteur au-dessous d'une certaine somme, et qu'on les soumette à payer immédiatement et sans aucune condition ce papier à l'instant même qu'il leur est présenté, on peut alors, sans risque pour le public, laisser sur tout le reste une entière liberté à leur commerce. Les compagnies de banque qu'on a vu récemment se multiplier dans les deux royaumes unis, et dont une foule de personnes ont conçu tant d'alarmes, au lieu de diminuer la sûreté publique, n'ont fait que l'augmenter. Le nombre de ces sociétés oblige tous les banquiers à se conduire avec plus de circonspection, à maintenir entre leur papier courant et leur caisse la proportion raisonnable qui doit y régner, et à se prémunir contre cette affluence de demandeurs mal-intentionnés, qui viennent retirer leurs fonds, et que la jalousie de tant de banques rivales ne demande pas mieux que d'ameuter. Ce nombre resserre la circulation de chaque compagnie particulière dans un cercle plus étroit, et réduit tous les billets circulans à la quantité que la prudence ne doit point dépasser. Lorsque toute la circulation est distribuée en un plus grand nombre de canaux, la déroute d'une compagnie, malheur que le cours naturel des choses doit amener quelquefois, devient moins funeste à la société. La libre concurrence oblige tous les banquiers à se montrer moins exigeans dans leurs opérations avec leurs négocians affidés, de peur que ceux-ci ne s'adressent à des banquiers plus traitables. En général, plus une branche de commerce ou de travail s'étend et jouit d'une libre concurrence, plus elle devient utile et avantageuse à la société.

Note de l'Auteur relative à la page 79.

La méthode décrite dans le texte n'étoit cependant ni la plus commune, ni la plus dispendieuse de celles qu'employoient ces spéculateurs confians pour trouver de l'argent, à la faveur de la circulation du papier. Il arrivoit souvent qu'André d'Edimbourg procuroit à Benoît de Londres la faculté de payer la première lettre de change, en tirant, quelques mois avant l'échéance, une seconde lettre à trois mois de date sur Benoît de Londres. Cette lettre étant payable à l'ordre d'André, celui-ci la faisoit escompter à Edimbourg, et en employoit la valeur à acheter sur Londres des lettres payables à vue, et à l'ordre de Benoît, à qui il les envoyoit par la poste. Vers la fin de la dernière guerre, l'échange entre Edimbourg et Londres étoit souvent de trois pour cent, et ces lettres de change doivent avoir souvent coûté ce prix à André. Comme cette transaction étoit répétée au moins quatre fois dans l'année, et surchargée d'ailleurs à chaque fois d'une commission d'un demi pour cent au moins ; il est évident que ce moyen de circulation coûtoit par an quatorze

pour cent à André. Dans d'autres occasions, André donnoit
à Benoît le moyen d'acquitter la première lettre de change,
en tirant, quelques jours avant l'échéance, une seconde lettre à deux mois de date, non sur Benoît, mais sur un tiers,
par exemple sur Charles de Londres. Cette seconde lettre
étoit payable à l'ordre de Benoît qui, après qu'elle avoit
été acceptée par Charles, l'escomptoit chez un banquier de
Londres. André venoit par une semblable opération au secours
de Charles, en tirant aussi, quelques jours avant l'échéance
de la seconde traite, une troisième lettre également à deux
mois de date, soit sur Benoît, son premier correspondant,
soit sur une quatrième ou une cinquième personne, comme
Denis ou Etienne. Cette troisième traite étoit payable à l'ordre de Charles qui, aussitôt après l'acceptation, la faisoit
escompter de la même manière chez un banquier de Londres.
Ces reviremens de papier se répétoient au moins six fois
l'année, et ils étoient tous également grevés d'un droit de
commission d'un demi pour cent; or en ajoutant à cette
commission l'intérêt légal de cinq pour cent, cette méthode
de trouver de l'argent, ainsi que celle que j'ai décrite dans le
texte, doit avoir coûté à André plus de huit pour cent par
an. Elle étoit cependant moins dispendieuse que celle dont
j'ai parlé dans la première partie de cette note, parcequ'elle
épargnoit le prix de l'échange entre Edimbourg et Londres;
mais d'un autre côté elle exigeoit un crédit établi avec plusieurs maisons de Londres, avantage que la plupart de ces
spéculateurs hasardeux trouvoient difficilement à se procurer.

CHAPITRE III.

De l'accumulation des capitaux et du travail productif et non productif.

Il est deux sortes de travail, l'un qui ajoute quelque chose, l'autre qui n'ajoute rien à la valeur des objets sur lesquels on l'exerce. Celui-là peut donc être nommé PRODUCTIF, et celui-ci NON PRODUCTIF (1). Ainsi, dans une manufacture, l'ouvrier, par son travail, ajoute ordinairement à la valeur des matières qu'il façonne la valeur de son entretien particulier et du bénéfice de son maître ; dans une maison au contraire le travail d'un domestique ne donne de la valeur à rien. Quoique le maître manufacturier avance à ses ouvriers un salaire, ce salaire néanmoins ne lui coûte rien dans la réalité, puisqu'il en retrouve en général la valeur compensée et

______

(1) Plusieurs écrivains françois, d'un grand savoir et d'un esprit très distingué, ont employé ces deux mots dans un sens différent. Dans le dernier chapitre du livre quatrième je tâcherai de montrer que le sens qu'ils ont adopté est impropre.

même accrue d'un bénéfice dans celle que le travail a ajoutée aux matières qu'ils ont travaillées ; mais rien ne compense pour un maître l'entretien d'un domestique. On devient riche en employant une multitude de manufacturiers ; on devient pauvre en employant une multitude de domestiques ; cependant le travail de ceux-ci a sa valeur et mérite aussi sa récompense. Le travail des manufacturiers se fixe et se réalise dans un objet particulier, dans une marchandise commerçable, qui du moins dure encore après que le travail est fini ; c'est, pour ainsi dire, une certaine quantité de travail, dont on a fait un fonds et un amas pour en disposer dans l'occasion, comme on le jugera nécessaire : cet objet, ou ce qui est la même chose, le prix de cet objet peut ensuite, s'il le faut, mettre en mouvement une quantité de travail égale à celle qui originairement a produit ce même objet. Le travail des domestiques, au contraire, ne se fixe et ne se réalise dans aucun objet particulier, dans aucune marchandise commerçable ; leurs services sont à peine acquittés qu'ils périssent : rarement en reste-t-il quelques traces de valeur qu'on puisse échanger ensuite contre une égale quantité de services.

Semblable au travail des domestiques, celui de quelques unes des classes les plus respectables de la société ne produit aucune valeur, ne se fixe ou ne se réalise dans aucun objet permanent, dans aucune marchandise commerçable, qui dure encore après que le travail est fini, et qu'on puisse échanger ensuite contre une égale quantité de travail. Le souverain, par exemple, et tous les ministres de la justice, et tous les militaires employés dans le service et de terre et de mer, sont des ouvriers non productifs. Serviteurs et domestiques du public, ils sont entretenus par une partie du produit annuel de l'industrie nationale. Leur service, quelque honorable, utile et même nécessaire qu'il soit, ne produit rien qui puisse acheter ensuite une égale quantité de service. L'Etat doit à leur travail la protection, la sécurité, la défense de cette année, et il ne pourra en acheter la protection, la sécurité et la défense de l'année suivante. Plusieurs des professions les plus graves et les plus frivoles peuvent être rangées dans la même classe ; tels sont les prêtres, les avocats, les médecins, et tous les gens de lettres, d'une part ; et de l'autre, les comédiens, les bouffons, les musiciens, les chanteurs et les danseurs d'opéra. Le travail

de la plus vaine de ces professions a une
certaine valeur réglée par les mêmes principes, qui déterminent celle de toute autre
sorte de travail; et celui des professions les
plus nobles et les plus utiles ne produit
rien dont on puisse acheter ensuite une égale
quantité de travail. Comme la déclamation
du comédien et les pas du danseur et le
chant du musicien, l'ouvrage de tous les
autres périt à l'instant même qui le fait
naître.

Le produit annuel de la terre et du travail
entretient également dans chaque pays les
classes oisives et celles des ouvriers productifs et non productifs. Mais quelque grand
qu'il soit, il ne sauroit être infini. La nature
des choses lui donne nécessairement des
bornes: selon que l'entretien des individus
qui ne produisent rien en absorbe plus ou
moins chaque année, il en reste plus ou
moins pour l'entretien de ceux qui produisent; en sorte que le produit de l'année suivante en deviendra ou plus grand ou plus
petit, puisque si nous en exceptons tous les
dons spontanées de la terre, le produit annuel est l'effet du travail productif.

Quoique dans chaque pays le produit total et annuel de la terre et du travail soit des-

tiné en dernière analyse à fournir à la consommation des habitans et à leur procurer
un revenu ; cependant, quand il est le fruit
ou de la terre ou des ouvriers productifs ,
il se distribue naturellement en deux parties ; l'une, et c'est ordinairement la plus
considérable , va d'abord remplacer le capital , c'est-à-dire renouveller les vivres , les
matières et l'ouvrage fini qui sont sortis d'un
capital ; l'autre va former un revenu , soit au
propriétaire de ce capital , comme bénéfice
de ses fonds , soit à quelque autre personne
comme rente de sa terre. Si nous le considérons en tant que fruit de la terre , il remplace le capital du fermier d'une part , et de
l'autre il satisfait à la fois au bénéfice de ce
fermier et à la rente du propriétaire ; il forme
donc ainsi un revenu et pour le propriétaire
de ce capital , comme bénéfice des fonds ,
et pour quelque autre personne , comme
rente de la terre. Si nous le considérons dans
une grande manufacture en tant que fruit
des ouvriers productifs , une portion , et
c'est toujours la plus considérable , remplace le capital de l'entrepreneur , tandis que
l'autre lui paie un bénéfice ; il forme donc
ainsi un revenu pour le propriétaire du capital.

Cette portion qui remplace le capital n'a jamais d'autre emploi immédiat que celui de fournir à l'entretien des ouvriers productifs, puisqu'elle ne sert qu'à payer leur salaire ; mais celle dont la fonction immédiate est de former un revenu, soit comme bénéfice des fonds, soit comme rente de la terre, peut fournir indifféremment à l'entretien des ouvriers ou productifs ou non productifs.

Quels que soient les fonds qu'un homme emploie comme capital, il se promet toujours qu'ils rentreront dans ses mains accrus d'un bénéfice ; aussi ne les destine-t-il à entretenir que des ouvriers productifs, en sorte que ce qui est un capital pour lui devient un revenu pour eux. Fait - il servir ces mêmes fonds à entretenir des bras qui ne produisent rien ?. dès ce moment ne faisant plus partie de son capital, ils passent dans les fonds destinés à la consommation immédiate.

Les classes qui travaillent sans rien produire, et celles qui ne travaillent pas, sont toutes entretenues, ou, 1°. de cette partie du produit annuel, dont la destination originaire est de former un revenu à quelques individus particuliers, soit comme rente de la terre, soit comme bénéfice des fonds ; ou, 2°. de cette

partie du même produit, qui quoique originairement destinée à remplacer un capital et à
fournir uniquement à l'entretien des ouvriers
productifs, est plus que suffisante néanmoins
pour satisfaire à leur entretien, et dont l'excédent peut servir dès lors indifféremment
à la subsistance des classes productives ou
non productives. Ainsi donc le grand propriétaire et le riche marchand, et même
l'ouvrier commun dont le salaire est considérable, peuvent d'une part entretenir un
domestique, aller quelquefois aux différens
spectacles, et par là contribuer à la subsistance d'une classe d'ouvriers non productifs ; et de l'autre payer les taxes publiques,
et de cette manière concourir à l'entretien
de quelques autres classes plus honorables
et plus utiles, il est vrai, mais également
improductives. Cependant aucune portion
du produit annuel, originairement destinée
à remplacer un capital, n'ira jamais entretenir les classes non productives, qu'après
avoir mis en action tout le travail productif
qu'elle peut salarier. Et en effet, il faut que
l'ouvrier ait gagné son salaire par de l'ouvrage fini, avant qu'il puisse en employer
aucune partie à l'entretien des classes non
productives. D'ailleurs la partie qu'il consa-
cre

cre à cet emploi, ne sauroit être d'une grande importance : elle ne peut provenir que de l'épargne qu'il fait sur son revenu ; et il est rare que l'épargne des ouvriers productifs soit considérable : cependant on ne peut pas dire qu'ils n'épargnent rien, puisque, dans le paiement des taxes, le grand nombre des contribuables peut en quelque sorte compenser la modicité de chaque contribution individuelle. La rente de la terre et les bénéfices des fonds sont donc par-tout les principales sources d'où les classes non productives tirent leur subsistance. Ce sont aussi les deux espèces de revenus qui permettent en général de faire les plus grandes épargnes, et qui peuvent entretenir indifféremment les classes productives ou improductives, mais qui semblent néanmoins affecter une sorte de prédilection pour les dernières. La dépense d'un grand seigneur fait ordinairement subsister plus de gens oisifs que d'hommes industrieux ; et si le riche marchand n'entretient avec son capital que des gens productifs, il n'en est pas moins vrai que par sa dépense, c'est-à-dire par l'emploi de son revenu, il fait, ainsi que le grand seigneur, subsister communément un grand nombre d'individus des classes non productives.

Aussi la proportion entre les classes productives et les classes non productives dépend-elle beaucoup dans tous les pays de la proportion qui existe entre cette partie du produit annuel, dont l'emploi est d'aller remplacer un capital, dès l'instant que la terre ou le travail utile ont donné ce produit, et cette autre partie qu'on destine à former un revenu, soit comme rente, soit comme bénéfice. Cette proportion dans les pays riches est très différente de ce qu'elle est dans les pays pauvres.

Aujourd'hui, dans les contrées les plus opulentes de l'Europe, une grande portion du produit annuel de la terre, souvent même la portion la plus grande, est employée à remplacer le capital d'un fermier riche et indépendant, et l'autre à payer ses bénéfices ainsi que la rente du propriétaire; mais autrefois, sous le règne de la féodalité, une très mince partie de ce produit suffisoit pour remplacer le capital qu'exigeoit la culture. Alors un bétail chétif et peu nombreux, que nourrissoient les fruits spontanées d'une terre inculte, et qui lui-même pouvoit être regardé comme une portion de ces fruits spontanées, formoit tout le capital d'une ferme. Ce capital appartenoit même en général au propriétaire qui l'avançoit aux cultivateurs;

tout le reste du produit lui appartenoit encore, soit comme rente de sa terre, soit comme bénéfice de son maigre capital. Les cultivateurs étoient presque tous des esclaves, dont la personne et l'avoir entroient aussi dans la propriété de leur maître. Ceux qui ne vivoient pas dans l'esclavage n'étoient que des tenanciers amovibles à volonté ; et quoique souvent la rente qu'ils payoient ne dépassât guère dans sa dénomination une redevance ordinaire, elle absorboit néanmoins dans sa réalité tout le produit de la terre. La volonté d'un seigneur commandoit toujours à leur travail en tems de paix, et à leur service en tems de guerre. Quoique placés loin du château, ces cultivateurs étoient, ainsi que des serviteurs et des valets, dans une dépendance domestique. Tout le produit de la terre appartenoit donc au seigneur, puisqu'il appartient indubitablement à celui qui dispose du travail et du service de tous ceux qu'entretient ce produit. Dans l'état présent de l'Europe, rarement la portion du propriétaire est-elle au-delà du tiers : quelquefois même elle n'atteint pas le quart de tout le produit du sol ; et cependant tous les lieux bien cultivés ont, depuis les anciens tems, triplé et même quadruplé cette rente, qui seule

est aujourd'hui trois ou quatre fois plus considérable que l'ancien produit total ; ainsi , à
l'époque où la culture s'améliore , la rente diminue en proportion de l'accroissement que
reçoit le produit de la terre , quoiqu'elle augmente à mesure qu'on met en valeur un
sol plus étendu.

Les contrées opulentes de l'Europe emploient aujourd'hui de grands capitaux dans
le commerce et dans les manufactures , tandis qu'autrefois il ne falloit que des capitaux
modiques au foible commerce qu'elles faisoient , et au petit nombre de manufactures
grossières et communes qu'elles mettoient en
activité. On devoit cependant retirer de ceux-
ci des bénéfices considérables , puisqu'ils suf-
fisoient par-tout à payer un gros intérêt , dont
le taux n'étoit pas à moins de dix pour cent.
Aujourd'hui, dans aucune des parties de l'Europe où règne une assez bonne culture, l'intérêt ne s'élève au-dessus de six pour cent ; et dans
celles où la culture est arrivée au plus haut
degré d'amélioration, il n'atteint guère que
quatre , ou trois , ou même deux pour cent.
Quoique cette portion du revenu que donne
aux habitans le bénéfice des fonds , soit toujours plus considérable dans les pays riches
que dans les contrées pauvres , parceque les

fonds eux-mêmes y sont plus importans, le bénéfice est moindre néanmoins en proportion de l'importance des fonds.

Ainsi cette partie du produit annuel, qui va remplacer un capital à l'instant même qu'elle sort ou de la terre ou des mains productives, est non seulement beaucoup plus considérable dans les contrées riches que dans les pays pauvres, mais elle s'élève encore dans une proportion beaucoup plus grande au-dessus de celle qui est immédiatement destinée à former un revenu, soit comme rente, soit comme bénéfice. Les fonds destinés, dans les contrées riches, à mettre en activité le travail productif, y sont non seulement plus considérables que dans les pays pauvres, mais ils le sont encore bien davantage, comparés dans leur proportion avec ceux qui vont de préférence entretenir les classes non productives, quoiqu'on puisse les appliquer indifféremment à l'entretien des classes productives et non productives.

La proportion qui règne entre ces fonds divers détermine nécessairement le caractère général d'industrie ou de paresse qui distingue les habitans d'une contrée. Nous l'emportons en industrie sur nos ancêtres, parce qu'aujourd'hui les fonds destinés à faire

travailler la classe industrieuse sont beaucoup plus considérables qu'ils ne l'étoient, il
y a deux ou trois siècles, en proportion de
ceux qui servent à entretenir les classes pa-
resseuses. Nos ancêtres se livroient à la paresse, parcequ'au milieu d'eux l'industrie
n'étoit pas assez encouragée. Il vaut mieux,
dit l'ancien proverbe, jouer pour rien que
de travailler pour rien. Dans les villes, où le
commerce et les manufactures font vivre
les dernières classes du peuple de l'emploi
d'un grand capital, l'homme en général est
industrieux; il use d'économie et améliore
sa situation: tel on le voit en effet dans plusieurs villes de l'Angleterre et de la Hollande. Dans celles au contraire qui n'ont
d'autre moyen pour se soutenir que la résidence constante ou le séjour périodique d'une
cour, et où les dernières tribus du peuple
vivent uniquement du revenu que les riches
dépensent, l'homme en général est paresseux; il se jette dans la prodigalité et devient
pauvre: tel on le voit à Rome, à Versailles,
à Compiègne et à Fontainebleau. En France,
les villes de parlement, si vous en exceptez
Rouen et Bordeaux, se livrent peu au commerce. Là, les classes inférieures du peuple
entretenues de ce que dépensent et les mem-

bres de ces cours de justice et ceux qui viennent plaider devant ces tribunaux souverains, végètent en général dans la paresse et
dans la pauvreté. Bordeaux et Rouen ne doivent tout leur commerce qu'à l'avantage de
leur situation : Rouen est l'entrepôt nécessaire
de toutes les marchandises que la consommation de Paris y fait arriver des pays étrangers et des provinces maritimes de la France ;
Bordeaux de même est l'entrepôt général des
vins que donnent les côteaux de la Garonne
et les bords des rivières qui se jettent dans la
Garonne. Le pays qu'elles arrosent forme en
effet le vignoble le plus riche qui soit au monde, et qui donne les vins les plus favorables
à l'exportation, parcequ'ils conviennent le
mieux au goût des nations étrangères. Une position aussi avantageuse attire nécessairement
un grand capital par le grand emploi qu'elle
présente, et qui dès lors tient sans cesse en
activité l'industrie de ces deux villes. Toutes les autres où siège un parlement ne font
guère valoir que le simple capital nécessaire
à leur propre consommation, c'est-à-dire
le capital le plus modique qu'elles puissent
appliquer à cet usage. La même observation convient à Paris, à Madrid et à Vienne.
De ces trois capitales, Paris sans doute est

celle où l'on trouve le plus d'industrie ; mais Paris est lui-même le principal marché de toutes ses manufactures, de même que ce qu'il consomme, est le principal objet de tout son commerce. Londres, Lisbonne et Copenhague sont peut-être les trois seules villes de l'Europe où réside constamment une cour, et qu'on puisse néanmoins regarder comme des cités commerçantes, c'est-à-dire occupées à fournir par leur industrie à leur propre consommation, et à celle des étrangers et des nationaux. L'extrême avantage de leur situation en fait l'entrepôt naturel d'une grande partie des marchandises que demande la consommation étrangère. Appliquer avec avantage un capital à toute autre chose qu'à la consommation intérieure, c'est en faire sans doute un emploi qui est plus difficile à trouver dans une ville où on dépense un grand revenu, que dans celle où les dernières classes du peuple ne tirent leur subsistance que de l'emploi d'un semblable capital. Probablement l'oisiveté de la plupart des hommes qui vivent d'un revenu énerve et corrompt l'industrie de ceux qui doivent vivre de l'emploi d'un capital, emploi que la paresse rend encore ici moins avantageux que par-tout ailleurs. Avant l'union des deux royaumes, Edimbourg avoit peu de commerce et peu d'industrie. Lorsque le parlement d'Ecosse cessa de s'y assembler, lorsque les premiers de la noblesse et de la bourgeoisie transportèrent ailleurs leur résidence, Edimbourg devint une place de commerce et une ville industrieuse. Cependant les premières cours de justice de l'Ecosse y siègent encore ; là, sont des bureaux de douane et d'excise ; par conséquent on y dépense encore un revenu considérable ; aussi Edimbourg, en commerce et en industrie, est-il bien inférieur à Glascow, dont les habitans tirent leur principale subsistance de l'emploi d'un capital. On a observé quelquefois que les habitans d'un grand village, après avoir amélioré leur situation par les progrès des manufactures, sont devenus paresseux et pauvres, parcequ'un grand seigneur a fixé sa résidence dans leur voisinage.

Il semble donc que la proportion qui se trouve entre le capital et le revenu règle par-tout celle qu'on voit entre l'industrie et la paresse. Si le capital prédomine, l'industrie triomphe ; et la paresse l'emporte, si le revenu excède. Ainsi toute augmentation, ou toute diminution du capital tend naturellement à augmenter ou à diminuer la quantité réelle d'industrie, le nombre des mains productives, et par conséquent, la valeur en échange du produit annuel de la terre et du travail de la contrée, la richesse et le revenu réels de tous les habitans.

L'économie augmente les capitaux ; la prodigalité et l'inconduite les diminue.

Toute épargne sur le revenu va grossir le capital ; et, si soi-même on ne la fait pas servir à l'entretien d'un plus grand nombre de mains productives, on met du moins autrui en état de les entretenir à l'aide d'un prêt à intérêt, c'est-à-dire d'une part dans le bénéfice. Comme tout individu ne peut grossir son capital qu'en épargnant sur son revenu, ou sur son gain annuel, ainsi toute société ne peut jamais, qu'à l'aide de l'épargne et de l'économie, grossir le sien, puisque le sien n'est que la réunion des divers capitaux, appartenans aux divers individus dont la société se compose.

La cause immédiate de l'accroissement du capital n'est pas dans l'industrie , mais dans l'économie. L'une à la vérité acquiert ce qu'amasse l'autre ; mais quelque acquisition que fasse l'industrie, si l'économie n'épargne rien, le capital ne grossira jamais.

En augmentant les fonds destinés à entre-

tenir les classes productives, l'économie
tend à multiplier les mains qui par leur travail donnent plus de valeur à ce qu'elles façonnent. Elle tend donc à doter d'une plus
grande valeur d'échange le produit annuel
de la terre et du travail d'une société, puisqu'en faisant mouvoir une plus grande quantité d'industrie, elle ajoute à la valeur de ce
produit annuel.

La consommation de ce qu'on épargne
annuellement est aussi régulière et aussi rapide que la consommation des dépenses annuelles ; mais la classe des consommateurs
est différente. La portion de revenu qui fournit à la dépense annuelle d'un riche passe ordinairement à la classe improductive, à des
domestiques qui ne laissent rien en retour de
leur consommation ; quant aux épargnes qu'il
fait tous les ans, et qu'il emploie immédiatement comme capital pour en tirer un bénéfice, elles se consomment de même et presque aussi vîte, mais c'est en passant à une
autre classe d'hommes, à des laboureurs, à
des manufacturiers, à des artisans qui reproduisent avec profit la valeur de leur consommation annuelle. Supposons que le riche
touche son revenu en argent : alors, s'il le
dépense tout entier, tout ce que ce revenu

peut acheter de nourriture, d'habits et de logement sera distribué à la première classe; si, au contraire, il en épargne une partie, comme il l'emploie bientôt, soit par lui-même, soit par autrui, comme capital et avec bénéfice, tout ce que cette portion peut acheter d'habits, de logement et de nourriture va nécessairement à la dernière classe. Je le répète donc: la consommation est la même, mais les consommateurs sont différens.

Non seulement l'homme sage et économe qui épargne annuellement sur son revenu, fournit à l'entretien d'un plus grand nombre de mains productives, mais semblable encore au fondateur d'un attelier public, il constitue, pour ainsi dire, un fonds perpétuel, pour fournir dans tous les tems à venir à l'entretien d'un nombre d'ouvriers toujours égal. La destination perpétuelle de ces fonds n'est pas à la vérité sous la garde d'une loi positive, d'un acte d'amortissement qui conserve ce dépôt; mais elle n'en est pas moins garantie par un principe très puissant, l'intérêt évident et sensible de chacun des individus auxquels appartiendra une portion de ce dépôt. On ne sauroit en détourner la moindre part des mains de la classe productive, que celui qui la détourne ainsi vers une destination opposée n'en souffre lui-même une perte évidente.

Telle est la conduite de l'homme prodigue; en étendant sa dépense au-delà de son revenu, il appauvrit son capital : comme un administrateur infidèle qui divertit à des usages profanes les revenus d'une fondation pieuse, il salarie des paresseux d'un fonds que l'économie de ses pères avoit consacré, pour ainsi dire, à l'entretien de l'industrie. En diminuant ainsi les fonds destinés à mettre en activité le travail productif, il appauvrit nécessairement, autant qu'il est en lui, la quantité de ce même travail qui donne plus de valeur aux matières qu'il façonne, et par conséquent, il diminue la valeur du produit annuel de la terre et du travail de toute une contrée, la richesse et le revenu réels de tous les habitans. Si l'économie des uns ne compensoit la prodigalité de quelques autres, l'inconduite du prodigue qui nourrit la paresse du pain de l'industrie, non seulement le ruineroit lui-même, mais iroit à l'appauvrissement de la société.

Et quand il seroit vrai que le prodigue, bornant aux seules marchandises de son pays la totalité de sa dépense, n'en feroit

rien passer aux étrangers, en altéreroit-il
moins les fonds productifs de la société? N'y
auroit-il pas chaque année une certaine
quantité de nourriture et de vêtemens employée à l'entretien des classes oisives, tandis qu'il devroit en salarier les classes productives? Il y auroit donc chaque année une
nouvelle diminution dans la valeur du pro-
-duit annuel de la terre et du travail de la
contrée.

Dira-t-on qu'en ne dépensant rien en marchandises étrangères, il ne nécessite aucune
exportation du numéraire qui reste le même
après comme auparavant? Mais si tout ce
qu'on a donné pour nourrir et pour loger
des individus qui ne produisent rien, eût été
consommé par ceux qui produisent quelque
chose, ceux-ci eussent rendu à la société,
même avec bénéfice, la valeur entière de
leur consommation. Alors tout le numéraire
seroit également resté dans le pays, et de
plus il y auroit en marchandises de consommation une reproduction d'une égale valeur.
Et c'est ainsi qu'au lieu d'un avantage, la société en eût retiré deux.

D'ailleurs, si la valeur du produit annuel
diminue dans un pays, la quantité du numéraire ne sauroit y rester long-tems la

même. L'argent n'a d'autre emploi que celui de faire circuler toutes les marchandises de consommation. C'est l'argent qui achète les vivres, les matières, l'ouvrage fini, et qui les distribue à leurs différens consommateurs. Ainsi tout ce qu'un pays peut employer annuellement en numéraire, doit être déterminé par la valeur des marchandises que la consommation annuelle fait circuler. Ces marchandises sont nécessairement ou le produit annuel de la terre et du travail, ou ce qu'on achète avec une partie de ce produit. Elles diminuent donc de valeur autant que la valeur de ce produit diminue, et avec elles, l'argent qui les fait circuler décroît dans sa quantité. Mais l'argent que la diminution annuelle du produit fait sortir annuellement de la circulation domestique, ne restera jamais oisif. L'intérêt de celui qui le possède est de lui donner un emploi : ne pouvant le lui trouver dans l'intérieur du pays, ce possesseur, en dépit de toutes les loix et de toutes les prohibitions, l'envoie au dehors acheter des marchandises qui peuvent servir à la consommation intérieure.

Ainsi, tous les ans, l'exportation de l'argent continuera quelque tems encore d'ajouter un peu à ce que la contrée consommera tous les ans au-delà de son produit annuel. Ce qu'on aura épargné de celui - ci aux jours de l'opulence et de la prospérité pour en acheter de l'or et de l'argent, en soutiendra quelque tems encore la consommation aux jours de la décadence et de l'adversité. L'exportation de l'or et de l'argent est dans cette circonstance, non pas la cause, mais l'effet du décroissement du produit annuel. Elle peut même durant quelque tems en soulager la triste et misérable décadence.

L'argent, au contraire, augmente partout en quantité, à mesure que le produit annuel augmente en valeur. Comme les marchandises de consommation, qui circulent annuellement dans la société, acquièrent une valeur plus considérable, elles ont besoin, pour circuler, d'une plus grande quantité d'argent. Une partie de ce produit augmenté ira donc, pour mettre en circulation celle qui reste, acheter par-tout où elle pourra en trouver une nouvelle quantité d'or et d'argent. L'augmentation de ces métaux sera dans cette circonstance, non pas la cause, mais l'effet de la prospérité publique. On achète par-tout l'or et l'argent de la même manière; au Pérou comme en Angleterre, on donne, pour les payer, la nourriture, le
vêtement

vêtement et le logement, le revenu et l'entretien de tous ceux qui, pour les faire passer de la mine au marché, emploient leur travail ou leurs fonds. Tout pays qui peut en donner ce prix en aura bientôt la quantité qui lui est nécessaire : aucun n'en gardera jamais long-tems la quantité qui lui est inutile.

Soit donc que l'on place, ainsi que la raison l'indique, la richesse et le revenu réels d'un pays dans la valeur du produit annuel de ses terres et du travail de ses habitans, soit qu'on les attribue, ainsi que le veut un préjugé vulgaire, à la quantité des métaux précieux répandus dans la circulation, sous l'un et l'autre aspect, tout homme prodigue est un ennemi, et tout homme économe, un bienfaiteur du public.

L'imprudence a souvent les mêmes effets que la prodigalité. L'agriculture, l'exploitation des mines, la pêche, le commerce et les manufactures souffrent de tout projet qui, dénué de sagesse et de succès, diminue dès lors les fonds destinés à l'entretien du travail productif. En vain les classes productives consomment seules le capital placé dans de semblables entreprises ; comme il est employé sans jugement, ces mêmes classes ne reproduisent pas la valeur entière de leur consommation, en sorte que les fonds productifs de la société souffrent une diminution dont un emploi mieux combiné les auroit garantis.

Rarement, il est vrai, la prodigalité et l'imprudence de quelques individus vont-elles jusqu'à altérer la fortune d'une grande nation ; car l'économie et la bonne conduite des uns compense toujours, surpasse même la profusion et l'inconduite de quelques autres.

Quant à la profusion, quelque violent que soit quelquefois en nous le principe qui nous entraîne à la dépense, et qui nous passionne pour toutes les jouissances du moment ; quelque difficulté même qu'on trouve à le contenir dans des bornes raisonnables, ce n'est en général qu'un égarement accidentel et passager ; mais le principe qui nous porte à l'économie, et qui nous inspire le desir d'améliorer notre sort, est en général un sentiment calme et durable, parcequ'il est sans passion ; nous l'apportons avec nous en arrivant au monde pour ne le perdre qu'en descendant au tombeau. A peine dans l'intervalle qui sépare la naissance de la mort, à peine se trouve-t-il un seul instant, où l'homme satisfait de sa situation la juge assez complètement heureuse pour se défendre le plus foible de sir de la changer ou de l'améliorer. C'est par une augmentation de fortune que la plupart des hommes desirent et se proposent d'arriver à une condition meilleure. Tel est en effet le moyen le plus ordinaire, celui qui s'offre à nous comme de lui-même. Or, la voie la plus sûre pour arriver à un accroissement de fortune, c'est la sagesse qui épargne, la prudence qui accumule ce qu'on gagne, soit tous les jours, soit tous les ans, soit dans quelques circonstances extraordinaires. Ainsi, quoique la plupart des hommes cèdent quelquefois au principe qui entraîne vers la dépense, néanmoins, à les considérer durant le cours entier de leur vie, ils semblent maîtrisés, et ils le sont beaucoup en effet, par le principe qui porte à l'économie.

Quant à l'inconduite, les entreprises sages et heureuses sont par-tout en beaucoup plus grand nombre que les entreprises imprudentes et malheureuses. Nous avons beau nous plaindre des banqueroutes multipliées; de tous les d'hommes engagés dans les affaires et dans le commerce, il en est peu qui tombent dans ce malheur : peut-être n'en voit-on pas au-delà d'un sur mille. D'ailleurs, comme de tous les évènemens désastreux qui peuvent frapper l'honnête homme, la banqueroute est peut-être le plus triste et le plus humiliant, la plupart des individus prennent grand soin de l'éviter : tous à la vérité ne peuvent y échapper, comme il en est d'autres qui n'échappent point à l'échafaud.

Jamais les grandes nations ne sont appauvries par la prodigalité et par l'inconduite des particuliers, tandis qu'elles le sont quelquefois par les profusions du gouvernement. Dans la plupart des Etats, presque tout le revenu public n'entretient que les classes non productives, telles qu'une cour nombreuse et magnifique, un clergé trop étendu, de grandes armées de terre et de mer, qui ne produisent pendant la paix et n'acquièrent pendant la guerre rien qui compense tout ce qu'il faut dépenser pour les entretenir. Comme ces classes ne laissent rien après leur travail, c'est le produit du travail des autres qui fournit à leur entretien. Le nombre des individus qui les composent, ainsi multiplié jusqu'à l'excès, peut dans une année particulière consommer une partie tellement considérable de ce produit, qu'il n'en restera rien pour l'entretien des ouvriers utiles qui l'auroient reproduit l'année d'après.

Le produit de l'année qui suit sera donc au-dessous de celui de l'année qui précède ; et si le désordre continue, le produit de la troisième n'égalera pas celui de la deuxième. Ceux donc, qui ne devroient être entretenus que d'une portion de ce que le peuple épargne sur son revenu, peuvent à la fois et consommer une si grande part du revenu total et forcer par là tant de particuliers, soit à retrancher de leurs capitaux, soit à prendre sur les fonds destinés à l'entretien du travail productif, qu'enfin, ni l'économie ni la prudence des particuliers ne suffisent plus pour compenser la perte et le dégât que ces anticipations violentes et forcées font subir au produit annuel.

Cependant une longue expérience a prouvé que l'économie et la sagesse des particuliers compense non seulement la prodigalité et l'imprudence de quelques individus, mais encore les dépenses extravagantes du gouvernement. La constante uniformité des efforts que tente chaque homme pour arriver à une condition meilleure, principe originaire de l'opulence individuelle et nationale, a souvent assez de puissance pour entretenir les progrès naturels de l'amélioration, malgré les folles dépenses du gouver-

nement et les plus grandes erreurs de l'administration. Cette uniformité ressemble au
principe inconnu de la vie animale, qui souvent, en dépit des crises de la maladie et
des ordonnances absurdes du médecin,
rétablit la santé, et rend à la constitution sa
première vigueur.

Une nation ne verra jamais le produit
annuel de ses terres et de son travail haus-
ser de valeur, à moins que ses ouvriers
productifs, ou ne croissent en nombre, ou
n'acquièrent de nouvelles facultés productives. Il est évident qu'ils ne peuvent jamais,
ni devenir beaucoup plus nombreux si le
capital, ou le fonds destiné à les entretenir,
ne devient auparavant plus considérable, ni
acquérir de nouvelles facultés productives
si l'on n'a pris soin d'abord, soit de multiplier ou d'améliorer les machines et les instrumens qui abrègent et facilitent le travail,
soit de diviser ou de distribuer l'ouvrage
en des ramifications plus convenables. Dans
l'une et dans l'autre de ces deux dernières
suppositions, il faut presque toujours une
augmentation de capital: comment un entrepreneur pourroit-il en effet, sans un surcroît de capital, ou fournir à ses ouvriers
de meilleures machines, ou faire entre eux

une distribution de travail plus avantageuse ? Lorsqu'un ouvrage à faire présente
un certain nombre de parties différentes, il
faut sans doute un bien plus grand capital,
pour attacher constamment chaque ouvrier
à l'une de ces parties, que pour les occuper tous momentanément de tous ces divers
travaux. Aussi toutes les fois qu'à deux époques différentes, comparant une nation à
elle-même, nous trouvons le produit annuel
de ses terres et de son travail plus grand,
son sol mieux cultivé, ses manufactures plus
nombreuses, plus florissantes, et son commerce plus étendu qu'auparavant, croyons
que dans l'intervalle d'une époque à l'autre,
le capital du grand corps de la société a pris
de l'accroissement, et qu'il a plus gagné par
la sagesse du plus grand nombre, qu'il n'a
perdu soit par l'inconduite de quelques particuliers, soit par les prodigalités et par les erreurs du gouvernement. Or, tel est, en des
tems de paix et de tranquillité, l'heureux ta-
bleau que présentent presque toutes les nations, celles même qui n'ont pas joui du gouvernement le plus sage et le plus économe.
Il est vrai que pour en bien juger il faut établir la comparaison entre deux époques un
peu éloignées l'une de l'autre. La marche de

la prospérité publique est si lente quelquefois, qu'elle est presque insensible à des époques trop voisines. Il arrive même encore
que l'industrie nationale, considérée dans
certaines branches et dans certains districts,
va si fort en déclinant, quoique le pays en
général soit dans un état de grande prospérité,
qu'on est tenté de lui soupçonner par-tout
une marche rétrograde.

Ainsi, en Angleterre, le produit annuel de
la terre et du travail est incontestablement
plus considérable aujourd'hui, qu'il ne l'étoit
il y a plus d'un siècle, lors du rétablissement de Charles II. Quoique peu de personnes, je crois, révoquent maintenant en doute
la vérité de ce fait, néanmoins, durant cet intervalle, il ne s'est guère écoulé de période
de cinq années, où l'on n'ait publié une bro-
chure ou un pamphlet assez captieux pour
obtenir du public quelque confiance, et pour
démontrer que la décadence de la richesse
publique étoit rapide, le pays dépeuplé,
l'agriculture négligée, l'industrie des manufactures tombée, et le commerce de la
nation perdu. Et remarquez que ces ouvrages n'étoient pas des libelles de parti, des
productions pitoyables du mensonge et de
la vénalité. Plusieurs de ces écrits furent pu-

bliés par des hommes d'esprit et de bonne foi, qui disoient ce qu'ils croyoient, et qui ne l'ont dit que parcequ'ils l'ont cru.

C'est ainsi encore que le produit annuel de l'Angleterre, lors du rétablissement de Charles II, surpassoit de beaucoup le point d'élévation où on peut le supposer un siècle auparavant, lorsque Elisabeth parvint au trône; de plus, nous avons de grands motifs pour croire qu'au tems d'Elisabeth, il fut plus considérable qu'il ne l'avoit été durant les cent années antérieures, vers le tems où finirent les dissensions entre les maisons d'Yorck et de Lancastre; il est non moins probable qu'à cette dernière époque, il s'étendit au-delà des bornes qu'il avoit atteint, quand Guillaume et ses Normands arrivèrent; que même la domination des Normands lui fut plus favorable que l'ancienne confusion de l'heptarchie saxone, et qu'enfin celle-ci, encore plus reculée dans les tems, le rendit meilleur qu'il ne l'étoit au moment de l'invasion de Jules-César, c'est-à-dire quand les Bretons ressembloient aux peuplades sauvages de l'Amérique septentrionale.

Cependant chacune de ces différentes périodes a souffert non seulement de nombreu-

ses profusions particulières et publiques,
bien des guerres dispendieuses et inutiles,
un grand divertissement du produit annuel,
destiné à entretenir les classes productives,
et prodigué à celles qui ne produisent rien,
mais quelquefois aussi, au milieu du trouble
et de la confusion des discordes civiles, la
ruine, la perte et l'anéantissement total des
fonds ; en sorte qu'on peut supposer que
cet anéantissement, après avoir retardé, comme il l'a fait quelquefois, l'accumulation naturelle des richesses, a rendu le pays beaucoup plus pauvre à la fin de chaque période, qu'il ne l'étoit lorsqu'elle commença.
Combien la période la plus heureuse et la
plus florissante, celle qui s'est écoulée depuis Charles II jusqu'à nous, n'a-t-elle pas
vu de désordres et de malheurs, qui auroient fait craindre, si on avoit pu les prévoir, l'appauvrissement et la ruine totale de la
fortune publique ? L'incendie et la peste qui
ravagèrent Londres, les troubles qu'amena
la révolution, les deux rebellions de 1715 et
de 1745, et la guerre d'Irlande et celle contre
les Hollandois, et les quatre guerres que l'Angleterre déclara à la France en 1688, 1702,
1742 et 1756. Durant le cours de ces dernières, la nation contracta une dette de cent

quarante-cinq millions, où ne sont point comprises toutes les autres dépenses extraordinaires que ces guerres commandoient annuellement ; en sorte que la totalité de la dette nationale ne s'éleva pas à moins de deux cens millions sterlings. Ainsi, depuis la révolution, une partie aussi considérable du produit annuel n'a servi, en plusieurs circonstances , qu'à mettre en activité un nombre extraordinaire de mains improductives. Si les guerres n'eussent pas détourné ce riche capital de sa destination naturelle, la portion la plus considérable en auroit passé à ces classes productives , qui par leur travail auroient rendu même avec bénéfice la valeur totale de leur consommation. Le produit annuel eût pris tous les ans un nouveau degré de valeur toujours plus considérable , et l'excédent d'une année eût augmenté celui d'une autre. On auroit donc bâti plus de maisons , défriché plus de terreins incultes , amendé plus de champs maigres et négligés ; les campagnes déjà bien cultivées l'eussent été mieux encore ; les manufactures seroient devenues plus nombreuses, et celles qui existoient auparavant auroient donné plus d'étendue à leurs affaires. Il est peut-être impossible d'imaginer à quel degré de richesse et d'opulence se seroit élevée, durant cet intervalle, la fortune nationale de l'Angleterre.

Mais si la profusion du gouvernement a retardé les progrès naturels de l'amélioration générale, elle n'a pu du moins la contraindre de s'arrêter. De nos jours, en effet, le produit annuel est beaucoup plus considérable, qu'il ne le fut lors du rétablissement de Charles II et du gouvernement de Guillaume III. Il faut donc que le capital employé tous les ans à la culture de la terre et à l'entretien du travail soit de même considérablement augmenté. L'économie et la prudence individuelles, des membres de la société, cet effort constant et commun à tous pour arriver à une condition meilleure, ont accumulé graduellement et fait croître en silence, au milieu de toutes les prodigalités du gouvernement, ce riche capital. Protégé par la loi, maître, sous l'empire de la liberté, de déployer son énergie de la manière la plus avantageuse, cet effort universel a soutenu la marche progressive de l'Angleterre vers l'opulence. Il a, dans les siècles passés, amélioré la fortune publique, sans doute pour l'améliorer encore dans les siècles futurs. Et cependant, si l'Angleterre n'eut

jamais le bonheur d'avoir un gouvernement
économe, les habitans, pour vertu caracté-
ristique, n'eurent pas davantage l'esprit d'é-
conomie ; c'est donc, de la part des rois et
des ministres, une prétention ridicule et une
présomption excessive, que de vouloir surveiller l'économie et restreindre la dépense
des particuliers, soit en publiant des loix
somptuaires, soit en prohibant l'importation du luxe étranger. Ils sont toujours,
et sans exception, les plus grands dissipa-
teurs de la société. Qu'ils veillent sur leurs
propres dépenses ; et quant à celles des particuliers, qu'ils s'en rapportent en toute confiance aux particuliers eux-mêmes : si la
prodigalité des rois n'a pas ruiné l'Etat,
celle des sujets ne le ruinera jamais.

Comme le capital public augmente par
l'économie et diminue par la prodigalité,
il est évident qu'il ne peut ni augmenter ni
diminuer par la conduite de ceux qui égalent
leur dépense à leur revenu, sans grossir ni
altérer leur fonds.

Il est cependant quelques manières de dépenser plus favorables que d'autres à l'accroissement de l'opulence nationale.

Un particulier peut dépenser son revenu,
soit en objets dont il ne reste plus rien aussitôt

qu'il en a fait usage, en sorte que la dépense du jour présent ne sauroit ni alléger ni soutenir le poids de la dépense du jour qui suit; soit en objets qui durent encore après qu'il en a usé, et qu'il peut accumuler, de manière que, s'il le veut, le poids et même l'effet de la dépense du lendemain peuvent être allégés, soutenus et augmentés de la dépense de la veille. Tel est l'homme, par exemple, qui ayant de la fortune, emploie son revenu à se donner une table somptueuse, un nombreux domestique, un grand équipage en chiens et en chevaux; ou qui, se réduisant à une table frugale et à peu de domestiques, emploie la plus grande partie de son revenu à embellir ses maisons de la ville et de la campagne, à construire des bâtimens et à acheter des meubles d'ornement ou d'utilité, à rassembler des livres, des tableaux, des statues, ou, s'attachant à des objets plus frivoles, à acquérir des bijoux, des babioles, des colifichets ingénieux, ou même par un goût puéril pour la dernière des frivolités, à se composer une garde-robe considérable de riches habits, semblable à celle que laissa après sa mort, il y a quelques années, le ministre et le favori d'un grand prince. Que deux hommes, possesseurs d'une fortune égale, l'emploient, l'un en objets d'un moment, l'autre en objets plus durables : la magnificence de celui-ci augmentera sans cesse, la dépense du jour contribuant en quelque chose à soutenir le poids, et à augmenter l'effet de la dépense du lendemain ; la magnificence de celui-là, au contraire, ne sera pas plus grande à la fin qu'au commencement d'un certain nombre d'années. Et même, quant à la richesse, le premier finira par l'emporter sur le second ; car il aura en sa possession un fonds de marchandises qui vaudra toujours quelque chose, quoiqu'il ne vaille pas tout ce qu'il aura coûté. Nulle trace, au contraire, nul vestige de la dépense du dernier ; les effets de dix ou de vingt années de profusion seront anéantis, comme s'ils n'eussent jamais existé.

Puisque l'une de ces deux manières de dépenser est plus favorable que l'autre à la richesse d'un individu, elle l'est également à l'opulence d'une nation. Les maisons, les meubles, les vêtemens du riche servent en peu de tems aux tribus inférieures et moyennes du peuple. Les classes moyennes les achètent, quand les classes supérieures s'en lassent ; et lorsque ce ton de dépense est devenu universel dans les rangs intermédiaires, le peuple inférieur en profite par degrés, et pour se mettre plus à son aise, et pour se donner des choses plus commodes. Dans les pays qui furent long-tems riches, il n'est pas rare de voir des maisons encore bien conservées et des meubles encore entiers servir aux classes inférieures, quoique ces meubles et ces maisons n'aient été ni faits ni bâtis pour cet usage. Sur la route de Bath, ce qui fut autrefois la demeure de la famille de Seymour, est aujourd'hui une auberge. Le lit nuptial de Jacques I, roi de la Grande-Bretagne, ce lit que la reine avoit apporté de Danemarck, comme un présent digne d'être offert par un souverain à un autre souverain, étoit à Dumfermline, il y a quelques années, l'ornement d'un cabaret à bière. Dans plusieurs villes anciennes, où furent long-tems stationnaires l'industrie et l'opulence, qui depuis ont suivi une marche rétrograde, vous trouverez à peine une maison originairement bâtie pour la classe qui maintenant y habite. Entrez dans ces maisons, et plus d'une fois vous y verrez des parties d'ameublement déja vieilles, mais excellentes encore pour ceux qui s'en servent aujourd'hui, quoique d'abord travaillées pour des hommes d'un rang supérieur.

supérieur. Des palais majestueux, des châteaux superbes, des jardins magnifiques, des bibliothèques immenses, de grandes galeries de statues et de tableaux, et ces riches cabinets de médailles, d'histoire naturelle, d'instrumens de physique, et de tant d'autres curiosités, sont à la fois l'ornement et la gloire, non seulement du lieu qui les possède, mais encore d'un pays tout entier : tel est Versailles pour la France ; tels sont Stowe et Wilton pour l'Angleterre. L'Italie commande encore une sorte de vénération par le nombre des monumens qu'elle renferme, quoiqu'on ne retrouve plus au milieu d'elle ni l'opulence qui les éleva, ni le génie qui les conçut, génie qui s'est éteint sans doute à mesure qu'on a cessé de le diriger vers le même but.

D'ailleurs, la dépense qu'on fait en choses durables, en même tems qu'elle accumule les richesses, devient favorable à l'économie. S'il est un individu qui pousse trop loin cette dépense, il peut aisément s'arrêter sans craindre la censure publique. Diminuer de beaucoup le nombre de ses domestiques, réduire sa table de la profusion à la frugalité, mettre bas l'équipage qu'on avoit pris, c'est embrasser un genre de réforme qui ne sauroit échapper à l'œil des voisins, et qui même devient comme un aveu tacite d'une inconduite passée : aussi est-il rare qu'après avoir eu le malheur d'aller trop loin dans ce genre de dépense, on ait ensuite le courage de revenir sur ses pas ; on poursuit jusqu'à la banqueroute, où les imprudens rencontrent leur ruine totale. Mais si l'on n'a trop dépensé qu'en bâtimens, en meubles, en livres et en tableaux, on peut s'arrêter, sans voir taxer d'imprudence sa conduite passée. En ce genre, la première dépense faite, celles qui suivent, ou ne sont rien, ou sont peu de chose ; et dans l'opinion commune, s'arrêter c'est avoir, non pas excédé sa fortune, mais satisfait sa fantaisie.

De plus, la dépense qu'on fait en choses durables entretient communément un nombre d'hommes fort supérieur à celui qui subsiste de la dépense qu'on fait pour tenir la maison la plus ordinaire. De deux ou trois cens livres pesant de comestibles qu'un grand festin exige quelquefois, la moitié peut-être est rejetée : du moins est-elle toujours sujette à un grand déchet, et même au gaspillage. Si au contraire la dépense de ce festin eût servi à mettre en activité des maçons, des charpentiers, des tapissiers, ou même des artisans, elle se seroit distribuée parmi un grand nombre d'hommes qui en auroient acheté au sol et à la livre une quantité de vivres d'une égale valeur, dont ils n'auroient perdu ni rejeté une seule once.

Enfin, de ces deux manières de dépenser, l'une entretient les classes productives, et l'autre celles qui ne produisent rien ; par conséquent la première augmente, et la deuxième n'augmente pas la valeur d'échange du produit annuel des terres et du travail.

Je suis loin de conclure néanmoins de toutes ces observations que la dépense en objets durables, mieux que la dépense en objets du moment, annonce un esprit généreux et une ame libérale. Quand un homme riche consomme principalement son revenu à tenir une grande maison, il en partage sans doute la plus grande partie avec-ses connoissances et ses amis ; l'homme opulent, au contraire, qui l'emploie à l'acquisition d'objets durables, le dépense souvent tout entier pour sa personne ; il ne donne rien pour rien. Cette manière de dépenser, sur-tout quand elle a pour objet des choses aussi frivoles que des bijoux, des colifichets, des babioles, en un mot, tous les petits ornemens de nos habits et de nos meubles, indique à la fois et un esprit futile et une ame intéressée. Je veux dire seulement que la dépense en choses durables, par cela même qu'elle accumule toujours des marchandises qui ont quelque valeur, est plus favorable à l'économie particulière, et par conséquent à l'augmentation du capital public; je veux dire qu'elle sert plus particulièrement à l'entretien des classes productives: d'où il suit qu'elle est plus avantageuse à l'opulence publique.

C H A P I T R E I V.

Des fonds prétés à intérêt.

L'homme qui prête des fonds à intérêt, les regarde toujours comme un capital. Il espère qu'ils rentreront dans ses mains au tems marqué, et que cependant l'emprunteur, pour l'usage qu'il en fait, lui paiera une rente annuelle. Celui-ci peut en user, ou comme d'un capital, ou comme d'un fonds destiné à sa consommation immédiate. S'en sert-il comme d'un capital ? il l'emploie à entretenir un certain nombre d'ouvriers utiles, qui lui rendront la valeur de leur entretien, accrue encore d'un bénéfice ; et dans cette supposition, il peut bientôt, ou rendre le capital sans rien aliéner, ou continuer à en payer l'intérêt sans rien prendre sur aucune autre source de son revenu. S'en sert-il comme d'un fonds destiné à sa consommation immédiate? dès lors agissant en prodigue, il abandonne à des fainéans ce qui devroit entretenir des hommes laborieux; et il ne peut dans ce cas, ni rendre le capital, sans aliéner sa propriété, ni payer l'intérêt, sans prendre sur la rente de sa terre.

Telles sont les deux manières dont on emploie sans doute les fonds prêtés à intérêt ; mais la première est plus fréquemment adoptée que la seconde. Celui qui emprunte pour dépenser arrivera bientôt à sa ruine, et celui qui lui prête court en général le risque de se repentir de sa facilité. L'un et l'autre de ces deux individus blessent également leurs vrais intérêts, le prêteur, surtout, chaque fois qu'il ne s'agit pas d'une énorme usure. Cependant, quoiqu'il ne soit pas rare de voir les deux parties se jeter dans cette conduite imprudente, n'allons pas nous imaginer qu'elle soit pour le commun des hommes un écueil ordinaire. Eclairés par leur intérêt, ils s'en écartent. Demandez au riche guidé par une prudence commune à quels individus il a prêté la plus grande partie de ses fonds ; si c'est à ceux qu'il a jugé devoir les employer d'une manière profitable, ou bien à ceux qui devoient les dissiper ; et le riche vous répondra par un sourire. Ainsi parmi les emprunteurs eux-mêmes, qui ne sont pas les hommes les plus distingués par leur économie, le nombre des in-

dividus industrieux et économes surpasse
considérablement le nombre des individus
oisifs et prodigues.

- Les seuls auxquels on prête communément, sans espérer d'eux qu'ils profitent de
ce qu'ils empruntent sur hypothèque, ce
sont les hommes qui vivent à la campagne du
produit de leurs terres : encore même ceux-
ci n'empruntent-ils guère uniquement pour
dépenser. Ce qu'on leur prête est ordinairement dépensé d'avance : la somme des
marchandises qu'ils ont déja consommées
et qu'on leur a fournies à crédit est si considérable, que grevés d'une grosse dette, ils
sont contraints pour la payer d'emprunter
à intérêt. Les capitaux des marchands et des
artisans que ces propriétaires n'ont pu remplacer à l'aide de la rente de leurs terres,
ils les remplacent avec le capital qu'ils empruntent. Ce n'est donc point à proprement
parler pour dépenser, mais pour remplacer
le capital dépensé d'avance qu'ils ont recours à des emprunts.

Presque tous les prêts à intérêt se font,
ou en monnoie d'or et d'argent, ou en papier-monnoie. Mais la monnoie n'est, ni ce
que l'emprunteur demande réellement pour
ses besoins, ni ce que le prêteur lui fournit

réellement pour les satisfaire ; l'un ne veut
et l'autre ne donne que la valeur de l'argent,
ou plutôt il ne donne que les denrées dont
cette monnoie peut faire l'achat. Le premier, s'il en a besoin pour en user comme
d'un fonds réservé à sa consommation immédiate, ne peut placer ce fonds que dans les denrées qu'il consomme : s'il en a besoin pour
l'employer comme capital à mettre en œuvre
l'industrie, il ne peut le placer que dans les
outils, les matières et les salaires que l'industrie demande. Le second, dans cette
dernière supposition, transporte aux emprunteurs le droit qu'il a sur une certaine
portion du produit annuel de la terre et du
travail de la contrée, en leur laissant la faculté d'employer ce droit comme il leur
plaira.

Ainsi donc la quantité de fonds, ou
comme on le dit communément, la quantité d'argent qu'on peut prêter à intérêt dans
un pays, suit pour règle, non pas la valeur
de l'argent, soit en papier, soit en monnoie, qui sert d'instrument à tous les différens prêts, mais la valeur de cette partie
du produit annuel, qui, en sortant de la terre
et de la main des hommes laborieux, va
remplacer non seulement un capital quel-

conque, mais celui dont le propriétaire ne se soucie guère de diriger l'emploi par lui-même. Comme cette espèce de capital est ordinairement prêtée et rendue en argent, elle forme ce qu'on appelle l'intérêt de l'argent. Ce capital differe à la fois et de celui des terres et de celui du commerce et des manufactures, parceque ces derniers capitaux sont employés par les propriétaires eux-mêmes. Cependant, l'argent, dans l'intérêt même qu'il donne, n'est pour ainsi dire que le véhicule qui fait passer d'une main à une autre le capital dont les propriétaires ne se soucient pas de faire l'emploi eux-mêmes. Ces mêmes capitaux, dans toutes les sortes de proportion, peuvent être plus grands que la somme d'argent qui sert comme d'instrument pour les transporter, puisque les mêmes pièces d'argent servent successivement à différens prêts, ainsi qu'à différens achats. Antoine, par exemple, prête à Vincent mille livres sterlings, avec lesquelles Vincent achète aussitôt de Bernard des marchandises pour cette somme. Bernard n'ayant pas besoin d'argent pour lui-même prête à Xavier cette même somme, et Xavier l'emploie à acheter immédiatement des marchandises de Clément. Clément, de la même

manière, et par la même raison, prête cet
argent à Etienne, qui en achète aussi des
marchandises de Denis. Ainsi donc la même
somme, soit en argent, soit en papier, peut,
dans le cours de quelques jours, servir d'instrument à trois différens prêts et à trois différens achats, et chacun de ces prêts et de
ces achats est égal en valeur à cette somme
de mille livres sterlings. En conséquence,
ce que les trois prêteurs, Antoine, Bernard
et Clément avancent aux trois emprunteurs
Vincent, Xavier et Etienne, n'est autre
chose que le pouvoir de faire ces achats ;
car c'est dans ce pouvoir que consistent la
valeur et l'utilité des prêts. En effet, le
fonds avancé par les trois prêteurs est égal
à la valeur des marchandises achetées par
les emprunteurs, et il est trois fois plus considérable que celui de l'argent qui a servi à
faire les achats. Cependant ces prêts peuvent être tous également sûrs, si les marchandises achetées par les différens débiteurs sont employées de manière qu'elles
en opèrent le remboursement total au tems
prescrit, soit en argent, soit en papier, et
avec profit. Or, comme les mêmes pièces
qui composent cette somme peuvent ainsi
devenir l'instrument de trois prêts différens,

et qu'elles pourroient même devenir celui de trente; par la même règle, il est évident qu'elles peuvent aussi servir d'instrument à autant de remboursemens.

On peut donc considérer un semblable capital, prêté à intérêt, comme un transport que fait le prêteur à l'emprunteur d'une certaine portion considérable du produit annuel, à condition toutefois que l'emprunteur transportera à son tour au prêteur, annuellement et pendant la durée du prêt, une plus petite partie de ce même produit annuel, ce qu'on appelle INTÉRÊT; et qu'à l'expiration de l'année, il rendra cette portion considérable que le prêteur a cédée d'abord; ce qu'on nomme REMBOURSEMENT. Ainsi quoique l'argent, ou le papier serve généralement d'instrument de transport à la plus petite comme à la plus grande de ces portions, cependant ni l'argent ni le papier n'ont aucune identité de nature avec la chose qu'on transporte par leur moyen.

A mesure que cette partie du produit annuel, destinée à remplacer un capital aussitôt qu'elle sort de la terre ou des mains des ouvriers productifs, s'accroît dans un pays, l'intérêt pécuniaire s'accroît naturellement avec elle. L'augmentation de ces capitaux particuliers, dont les propriétaires veulent tirer un revenu, sans se donner la peine de les mettre en valeur par eux-mêmes, suit progressivement l'augmentation générale de tous les capitaux, c'est-à-dire, que la quantité des fonds à prêter à intérêt croît à mesure que la quantité des fonds généraux va en augmentant.

Mais quand la quantité de ces fonds particuliers augmente, l'intérêt qu'ils rapportent, ou le prix donné pour l'usage de ces fonds, diminue nécessairement, d'abord par la raison générale que toute marchandise diminue de prix à mesure qu'elle augmenté en quantité, et ensuite par d'autres causes qui sont particulières à ce cas particulier. Selon que les capitaux augmentent dans un pays, le bénéfice de l'emploi qu'on en fait diminue nécessairement: il devient tous les jours plus difficile de leur trouver un emploi profitable. La concurrence entre les propriétaires des divers capitaux s'anime et s'étend, l'un cherchant à s'emparer de l'emploi dont jouit l'autre. Alors les divers concurrens ne peuvent espérer de se supplanter qu'en commerçant à des conditions plus raisonnables. Celui qui veut obtenir l'avantage doit non seulement baisser le prix de ces marchandises; il doit encore pour se procurer une vente certaine acheter plus cher dans certaines circonstances. L'augmentation des fonds destinés à entretenir le travail productif multiplie chaque jour la demande de ce travail. Mais si les ouvriers trouvent aisément de l'emploi, les propriétaires des capitaux ne trouvent pas aussi facilement des ouvriers à employer; car la concurrence des capitalistes augmente le salaire du travail, et diminue le bénéfice des fonds. Aussi lorsque les bénéfices que l'on peut retirer de l'emploi d'un capital sont de cette sorte diminués, pour ainsi dire, par les deux extrémités, le prix que l'on peut donner pour cet emploi, c'est-à-dire l'intérêt pécuniaire, doit nécessairement diminuer avec eux.

Locke, Law et Montesquieu, ainsi que plusieurs autres écrivains, paroissent avoir imputé à l'augmentation de la quantité d'or et d'argent survenue depuis la découverte des Indes occidentales espagnoles, la baisse de l'intérêt dans la plus grande partie de l'Europe. Ces métaux, disent ces auteurs, ayant perdu de leur valeur, l'emploi de quelque portion particulière de ces métaux perdit nécessairement de la sienne, et par une suite naturelle, le prix qui devoit en être payé dut aussi diminuer en même tems. Cette idée qui, à la première vue, paroît fort plausible, a été si bien exposée par M. Hume, qu'il est presque inutile de s'étendre davantage sur ce sujet. Cependant le raisonnement suivant, aussi simple que précis, développera plus clairement encore le sophisme qui semble avoir égaré ces écrivains.

Il paroît qu'avant la découverte des Indes occidentales espagnoles le taux commun de l'intérêt, dans la plus grande partie de l'Europe, s'étoit élevé à dix pour cent. Depuis cette époque, il est descendu dans différens pays à six, cinq, quatre et même à trois pour cent. Supposons que la valeur de l'argent soit tombée, dans chaque pays particulier, précisément dans la même proportion que le taux de l'intérêt, et qu'ainsi, dans un pays où l'intérêt a été réduit de dix à cinq pour cent, la même quantité d'argent puisse aujourd'hui acheter exactement la moitié de la quantité des marchandises qu'elle auroit achètée auparavant. Cette supposition, sans doute, ne se trouvera nulle part conforme à la vérité ; mais elle est la plus favorable à l'opinion que j'examine : et, dans cette supposition même, il est absolument impossible que l'argent, en diminuant de valeur, puisse faire diminuer en aucune manière le taux de l'intérêt. Si dans ce pays cent livres ne valent pas plus aujourd'hui que cinquante livres ne valoient alors, la valeur actuelle de dix livres doit être aussi la même que celle de cinq livres d'alors. Quelles qu'aient été les causes qui ont fait baisser la valeur du capital, les mêmes causes doivent avoir amené nécessairement la diminution de l'intérêt, dans une exacte proportion, c'est - à - dire que la proportion entre la valeur du capital et celle de l'intérêt doit être restée nécessairement la même, si le taux n'a jamais été altéré. Mais en altérant le taux, on détruit nécessairement la proportion qui subsistoit entre ces deux valeurs. Si cent livres sterlings ne valent pas plus aujourd'hui que ne valoient alors cinquante livres, cinq livres sterlings ne peuvent valoir maintenant au-delà de ce que valoient autrefois deux livres sterlings et dix sous. Nous donnons donc, en réduisant le taux de l'intérêt de dix à cinq pour cent, nous donnons en récompense de l'usage d'un capital, qu'on suppose égal à la moitié de sa première valeur, un intérêt qui n'est que le quart de la valeur du premier intérêt.

Quelque augmentation que vous donniez
à la quantité de l'argent, si la quantité des
marchandises qui circulent par le moyen de
l'argent reste toujours la même, vous ne
produirez d'autre effet que de diminuer la
valeur du métal. Sans doute toutes les marchandises auroient une valeur nominale
plus grande; mais leur valeur réelle seroit
précisément la même qu'auparavant; les pièces d'argent contre lesquelles on les échan-
geroit, seroient en plus grand nombre : mais
la quantité de travail que pourroient commander ces marchandises, le nombre des
individus qu'elles pourroient occuper et entretenir, ne seroient ni plus ni moins considérables. Le capital du pays seroit le même,
quoique pour en faire passer une égale portion d'une main dans une autre, il fallût un
plus grand nombre de pièces de monnoie.
Les transports, semblables aux actes d'un
notaire verbeux, seroient plus embarras-
sans; mais la chose transportée demeureroit
la même et dans sa quantité et dans ses effets. Or les fonds destinés à entretenir le travail productif ne variant pas, la demande
qu'on feroit de ce travail ne varieroit pas davantage; par conséquent le prix ou le salaire
n'en seroit augmenté que nominalement,

c'estc'est-à-dire, qu'en donnant un plus grand nombre de pièces-monnoies, on n'achèteroit pas une plus grande quantité de marchandises. Le bénéfice des fonds seroit le même de fait et de nom. On calcule ordinairement le salaire du travail sur la quantité d'argent qu'on paie à l'ouvrier : lorsque la quantité augmente, le salaire paroît augmenter aussi, quoiqu'il puisse quelquefois n'être pas supérieur. Mais ce n'est pas sur le nombre des pièces d'argent qui servent à le payer qu'on calcule les bénéfices des fonds : c'est sur la proportion de ces pièces avec la totalité du capital employé. Ainsi, dans certains pays, cinq shellings par semaine sont, dit-on, le salaire ordinaire du travail, et dix pour cent, le bénéfice ordinaire des fonds. Mais le capital d'un pays restant le même dans sa totalité, il existeroit une égalité de concurrence entre les différens capitaux de tous les individus qui se le partagent. Le commerce ne seroit pour chacun de ceux-ci individuellement ni plus ni moins favorable et désavantageux. Il règneroit donc la même proportion ordinaire entre le capital, le bénéfice, et par conséquent l'intérêt commun de l'argent, puisque cet intérêt, n'étant que le prix commun de l'usage qu'on fait de l'argent, se règle de nécessité sur l'usage qu'on en peut faire.

Augmentez au contraire la quantité des marchandises qui circulent annuellement dans un pays, tandis que la quantité de l'argent qui les met en circulation restera la même ; et indépendamment de l'accroissement de valeur que vous donnerez au métal, vous produirez encore d'autres effets importans. Le capital d'un pays, quoique nominalement le même peut-être, deviendra néanmoins plus considérable dans la réalité. Il se pourra qu'on continue à l'exprimer par la même quantité d'argent ; mais il commandera à une plus grande quantité de travail. Les classes productives, que ce travail entretient en les employant, donneront plus d'ouvrage, et verront s'en multiplier la demande ; celle-ci naturellement haussera le salaire, lors même qu'il semblera baisser peut-être. Il seroit possible qu'on le payât avec une moindre quantité d'argent ; mais cette moindre quantité obtiendra plus de marchandises qu'on n'en auroit obtenu auparavant avec plus d'argent. Le bénéfice des fonds diminueroit en effet et en apparence. Tout le capital du pays ainsi augmenté, les différens capitaux particuliers dont il se compose entreront naturellement dans une concurrence plus grande. Les individus qui en sont les propriétaires se contenteront forcément d'une moindre portion dans le produit du travail, entretenu par leurs capitaux respectifs. L'intérêt de l'argent, qui va toujours de pair avec le bénéfice des fonds, pourra descendre ainsi à un taux très-inférieur, quoique la valeur de l'argent, ou la quantité des marchandises que peut acheter chaque somme particulière, prenne un grand accroissement.

Il est quelques pays où les loix prohibent l'intérêt de l'argent : mais comme on peut faire par-tout quelque chose de l'argent, il faut payer par-tout quelque chose pour l'usage qu'on en fait. L'expérience a montré qu'au lieu de prévenir le mal de l'usure, les loix n'ont fait que l'augmenter, puisque l'emprunteur est obligé de payer, non seulement pour l'usage qu'il fait de l'argent, mais pour le risque que le prêteur consent à courir en acceptant quelque chose en compensation de l'usage qu'il pourroit faire lui-même de son argent; en sorte que l'un devient, pour ainsi dire, l'assureur de l'autre contre les peines de l'usure.

Dans les pays où l'intérêt est permis, la

loi attentive à prévenir les extorsions de l'u-
sure détermine un taux quelconque que
l'on ne peut dépasser sans encourir une
peine. Ce taux doit être toujours supérieur
de quelque chose au plus bas prix courant,
c'est-à-dire au prix ordinaire que donnent
pour l'usage de l'argent les emprunteurs les
plus solides. Si le taux fixé par la loi étoit
inférieur au prix courant le plus bas, les effets de la permission seroient presque les
mêmes que ceux de la défense totale. Le
créancier ne prêtera pas au-dessous du prix
que vaut l'usage de l'argent, et l'emprunteur doit payer le risque que l'autre consent à courir en acceptant la valeur entière
de l'usage. Si le prix courant le plus bas
étoit précisément le taux légal, on ruineroit
parmi les hommes honnêtes, pleins de res-
pect pour les loix de leur pays, le crédit de
tous ceux qui, n'étant pas en état de fournir
les sûretés les plus solides, seroient forcés
de recourir à des usuriers sans mesure. Dans
un pays tel que la Grande-Bretagne, où l'on
prête au gouvernement à trois pour cent,
et aux particuliers sur de bonnes sûretés à
quatre et demi, le taux légal actuel de cinq
pour ce nt est peut-être aussi convenable
qu'aucun autre.

Il faut observer que s'il doit être supérieur au prix courant le plus bas, il ne doit
pas du moins le dépasser de beaucoup. S'il
étoit, par exemple, de huit ou dix pour
cent dans la Grande - Bretagne, la plus
grande partie de l'argent n'y seroit prêtée
qu'à des faiseurs de projets, à des prodigues, qui seuls consentiroient à le prendre
à ce haut intérêt. Dans cette concurrence
ne se hasarderoient pas d'entrer les hommes sages, qui ne veulent donner pour
l'usage de l'argent qu'une partie de ce qu'ils
peuvent en faire. Dès lors une·grande portion du capital de la nation ne passeroit
plus en des mains capables d'en tirer un
parti avantageux. Jetée dans des mains imprudentes, on la verroit bientôt consumée
et détruite. Si, au contraire, il n'étoit fixé
qu'un peu au-dessus du taux le plus bas
courant, les hommes sages auroient par-
tout la préférence sur les prodigues et les
faiseurs de projets. Le prêteur tire des uns
et des autres le même intérêt, avec cet avantage néanmoins qu'il place son argent d'une
manière plus solide sur les premiers que sur
les derniers. Une grande partie du capital
public entre alors dans les mains les plus capables de la faire travailler fructueusement.

Aucune loi ne peut réduire le taux commun de l'intérêt au-dessous du taux le plus bas reçu généralement à l'époque où cette loi est publiée. Ainsi en France, malgré l'édit de 1766, qui tenta de réduire l'intérêt de l'argent de cinq à quatre pour cent, on continua de prêter à cinq pour cent ; tant on trouva des moyens pour éluder la loi !

Il faut observer que le prix courant ordinaire des terres dépend par-tout du taux courant ordinaire de l'intérêt. Celui qui, propriétaire d'un capital, veut en retirer un revenu, sans prendre la peine de le faire travailler lui-même, délibère s'il en achètera une propriété territoriale, ou s'il en fera un placement à intérêt. Comme une terre est une possession plus sûre, que suivent encore presque par-tout quelques autres avantages, l'homme est en général plus disposé à se contenter d'un moindre revenu qu'il tirera de la terre, et il le préfère à celui que rapporte l'argent prêté à intérêt. Car cette sûreté et ces avantages sont une compensation pour ce que le revenu donne de moins ; cependant la compensation n'est point rigoureusement égale ; et si la rente de la terre descendoit encore à un plus bas degré de différence au-dessous de l'intérêt de l'argent, on ne trouveroit plus d'acheteurs pour les terres : le prix ordinaire en seroit bientôt réduit. Si au contraire cette sûreté et ces avantages faisoient plus que compenser ce que le revenu donne de moins, chacun se mettroit au rang des acheteurs, et à l'instant même les terres hausseroient de prix. Lorsque l'intérêt étoit à dix pour cent, le revenu de dix ou douze années formoit le prix qu'on donnoit ordinairement pour une terre. A mesure que l'intérêt est descendu à six, cinq et quatre pour cent, le prix s'est formé de vingt, vingt-cinq et trente années de revenu. Le taux courant est plus haut, et le prix commun de la terre plus bas en France qu'en Angleterre. On donne communément dans l'une vingt années, et dans l'autre trente années du revenu.

CHAPITRE V.

Des différens emplois des capitaux.

QUOIQUE tous les capitaux ne soient destinés qu'à entretenir le travail productif, cependant la quantité de ce travail que peuvent mettre en activité des capitaux d'une égale valeur, varie considérablement selon les diverses manières de les employer : et il en est de même de la valeur que ces divers emplois ajoutent au produit annuel de la terre et du travail.

On peut employer un capital de quatre manières différentes. On le destine,

1°. A procurer à la société le produit brut dont elle a besoin pour sa consommation annuelle ;

2°. A préparer et à manufacturer ce produit brut pour le rendre propre à la consommation ;

3°. A transporter, soit le produit brut, soit le produit manufacturé des contrées où ils abondent dans les pays qui en manquent ;

4°. Enfin à diviser des portions particulières de l'un et de l'autre en petites parties multipliées, telles qu'il les faut pour satisfaire aux demandes accidentelles de chaque individu qui en a besoin.

Un capital est employé de la première manière par tous ceux qui se livrent à la culture de la terre et à l'exploitation des mines et des pêcheries ; de la seconde , par tous les chefs ou entrepreneurs de manufactures ; de la troisième , par tous les grands négocians ; et de la quatrième par les marchands qui vendent en détail. Il n'est pas aisé de concevoir pour un capital un autre emploi qu'on ne puisse rapporter à l'une de ces quatre manières.

Chacun de ces divers emplois est essentiellement nécessaire , soit à l'existence ou au développement des trois autres , soit à l'avantage général de la société.

D'abord , si l'on n'appliquoit un capital à procurer à la société , jusqu'à un certain degré d'abondance , le produit brut dont elle a besoin , il n'existeroit ni manufactures , ni aucune autre sorte de commerce.

Ensuite , si un capital ne servoit à manufacturer cette partie du produit brut, qui exige nécessairement quelque préparation

avant de pouvoir servir à la consommation,
ou le produit brut ne naîtroit pas à l'aide
de la culture, parceque le besoin ne le demanderoit pas ; ou, s'il naissoit spontané-
ment, il n'auroit aucune valeur d'échange,
et dès lors il n'ajouteroit rien à la richesse
de la société.

De plus, sans un capital destiné à transporter, soit le produit brut, soit le produit
manufacturé des lieux où ils sont en abondance aux lieux qui en sont privés, il n'en
existeroit jamais que la quantité nécessaire
à la consommation du voisinage; mais le capital du négociant échange ce qu'une contrée a de trop contre le surplus d'une autre
contrée, et c'est ainsi que dans toutes les
deux il encourage et augmente les jouissances.

Enfin, si l'emploi d'un capital ne servoit à
diviser, à morceler certaines portions du produit, ou brut, ou manufacturé en petites parties multipliées, pour satisfaire aux demandes accidentelles des différens membres de
la société, chaque individu seroit obligé,
lorsqu'il manqueroit de quelque chose, d'en
acheter au-delà de ses besoins. Si, par exemple, il n'étoit point de boucher, chacun seroit contraint d'acheter un bœuf ou un mou-

ton tout entier ; ce qui seroit pour le riche très incommode, et très dur pour le pauvre. Supposons qu'un simple artisan soit dans la nécessité d'acheter à la fois tous les vivres nécessaires à la consommation d'un mois ou d'une demi-année; alors une grande partie du fonds qu'il emploie comme capital, soit à monter sa boutique, soit à se fournir des instrumens de son métier, et dont il tire un revenu, passera nécessairement dans cette partie de son capital qu'il réserve à sa consommation immédiate, et qui ne lui donne aucun revenu. Rien de plus convenable à cet individu que la facilité d'acheter sa subsistance au jour le jour, et d'une heure à l'autre, à mesure qu'il en a besoin. C'est alors qu'il lui est permis de changer presque tout son fonds en capital. Il aura la faculté de fournir une plus grande valeur d'ouvrage, et le bénéfice qu'il en retirera fera plus que compenser l'augmentation de prix que le détailleur doit gagner sur la vente de ses marchandises. L'opinion dont quelques écrivains politiques ont fait preuve contre les artisans et les marchands en boutique, n'est qu'un préjugé dénué de tout fondement. Il s'en faut de beaucoup qu'il soit nécessaire de taxer ces différentes classes in-

dustrieuses, ou de réduire le nombre des individus qui les composent; ils ne peuvent
jamais s'y multiplier assez pour nuire au
public, quoique par leur nombre ils puissent
se nuire les uns les autres. La quantité des
merceries, par exemple, que peut acheter
une ville particulière, est nécessairement
limitée par les demandes de la ville et du
voisinage. Ainsi donc le capital qui peut entrer dans le commerce de la mercerie ne
sauroit excéder ce qui suffit pour acheter
cette quantité. Si le capital se trouve partagé
entre deux épiciers, leur concurrence les
portera l'un et l'autre à vendre à un prix
moins cher, que si les mains d'un seul réu-
nissoient tout le capital; et si, au lieu de
deux épiciers, nous en supposons vingt, ce
nombre rendra la concurrence encore plus
vive, et diminuera pour le public le risque
de les voir se liguer entre eux pour haus-
ser le prix de toutes leurs marchandises. La
ruine de quelques-uns d'entre eux pourroit
naître peut-être de cette concurrence; mais
en concevoir de l'inquiétude, c'est l'affaire
des parties intéressées; et l'on peut avec
toute confiance s'en remettre à leur discré-
tion. Ni le consommateur, ni le producteur
ne souffrent de cette rivalité. Elle tend au

contraire à baisser le prix des marchandises quand le détailleur les vend, et à l'élever quand il les achète, beaucoup plus que si l'achat et la vente étoient concentrés dans la main d'une ou de deux personnes. Il est possible que dans ce nombre des marchands détailleurs, il se trouve quelque individu qui, par importunité ou par adresse, abusant de la foiblesse d'une pratique, l'engage à prendre ce dont elle n'a que faire. Mais cet inconvénient est de trop peu d'importance pour mériter que la loi s'en occupe; d'ailleurs, ce n'est point l'empêcher que de limiter le nombre des vendeurs. Prenons pour exemple la multitude des cabarets à bière bien plus dangereuse en apparence. Ce n'est point parceque les cabarets sont nombreux qu'on voit dans le peuple une disposition générale à l'ivrognerie; c'est au contraire cette disposition, dont la cause est toute autre, qui donne nécessairement de l'emploi à un grand nombre de cabaretiers.

Tous ceux qui emploient leurs capitaux de l'une de ces quatre manières sont eux-mêmes des ouvriers productifs. Leur travail sagement dirigé se fixe et se réalise dans un objet, dans la marchandise commerçable sur laquelle il s'exerce, et dont le prix s'accroît au moins de la valeur de leur subsistance et de leur consommation. Les bénéfices du fermier, du manufacturier, du négociant et du détailleur naissent tous du prix des marchandises que produisent les deux premiers, et que les deux autres vendent et achètent. Cependant des capitaux d'une égale valeur, employés de l'une de ces quatre manières, mettront en activité des quantités bien différentes de travail productif, et, pour la société à laquelle ils appartiennent, éleveront, en des proportions très inégales, la valeur du produit annuel de la terre et du travail.

Par son capital, le détailleur remplace et le capital et le bénéfice du négociant dont il achète les marchandises, et qu'il met par là en état de continuer son commerce. Le détailleur est même le seul ouvrier productif que son capital emploie immédiatement; le bénéfice qu'il en retire forme toute la valeur qu'il ajoute par son commerce au produit annuel des terres et du travail de la société.

Par son capital, le négociant remplace à son tour et les capitaux et les bénéfices des fermiers et des manufacturiers, dont il achète le produit, ou brut, ou manufacturé

qui compose son négoce. Par ce remplace-
ment, non seulement il les met en état de
continuer leurs entreprises particulières ,
mais il contribue encore indirectement à entretenir le travail productif de la société ,
et à augmenter la valeur du produit annuel.
Il emploie aussi par son capital les matelots et les voituriers qui transportent ces
marchandises d'un lieu à un autre, et il augmente ainsi le prix de ses marchandises ,. et
de la valeur de ses bénéfices, et de celle de
leur salaire. C'est là tout le travail productif
que le négociant met immédiatement en activité ; c'est aussi toute la valeur qu'il ajoute
immédiatement au produit annuel. Cependant l'emploi de son capital, par le moyen
de ces deux opérations, est bien plus étendu
que celui du capital du détailleur.

Une partie du capital de l'entrepreneur de
manufactures est employée comme un capital fixe dans les instrumens de son entreprise, et remplace le capital et le bénéfice
de l'artisan qui lui a vendu ces instrumens ;
une autre partie de ce capital circulant est
employée à l'achat des matières, et remplace
aussi et les capitaux et les bénéfices des fermiers et des mineurs qui les ont fournies.
Mais une grande partie du capital de l'en-

trepreneur de manufacture, soit annuellement, soit dans un tems beaucoup plus
court, circule toujours parmi les différens
ouvriers qu'il emploie. Celle-ci ajoute à la
valeur des matières, et par le salaire que
gagnent les ouvriers, et par le bénéfice que
fait l'entrepreneur, tant sur tous les fonds des
salaires, que sur toutes les matières et tous
les instrumens que nécessitent les manufactures. Elle met donc immédiatement en activité
beaucoup plus de travail productif; elle
ajoute donc beaucoup plus de valeur au produit annuel de la terre et du travail de la société, que ne feroit un capital égal employé
par un négociant.

Toutefois, à égalité de capitaux, il n'en
est point qui mette en activité plus de travail productif que le capital du fermier. Il
faut ranger d'abord dans les classes de ses
ouvriers productifs, non seulement les domestiques laboureurs, mais encore les animaux de labour. D'ailleurs en agriculture,
l'homme et la nature travaillent ensemble; et
quoique le travail de la nature ne coûte rien à
l'homme, la nature, ainsi que l'ouvrier qui
coûte le plus, donne par son travail un produit qui a sa valeur. C'est bien moins à augmenter (ce qu'elles font pourtant) qu'à diri-

ger

ger la fertilité de la nature vers les plantes les plus utiles à l'homme, que tendent les opérations les plus importantes de l'agriculture. Souvent un terrain tout hérissé de ronces et d'orties offre une végétation aussi abondante que le vignoble le mieux cultivé et le champ le plus fertile en grains. Souvent aussi les plantations et le labourage servent bien plus à régler qu'à animer l'active fécondité de la nature, à laquelle, après tous les travaux de l'homme, il reste encore une grande partie de l'ouvrage à faire. Aussi les ouvriers et les animaux de labour ne reproduisent pas seulement en agriculture, de même que le journalier dans les manufactures, une valeur égale à leur consommation, ou au capital qui les emploie, avec un bénéfice pour le propriétaire de ce capital, ils donnent encore une reproduction dont la valeur est beaucoup plus considérable. Indépendamment du capital et des bénéfices du fermier, ils reproduisent régulièrement la rente du propriétaire. Celle-ci peut être considérée comme le produit du pouvoir de la nature, pouvoir dont le propriétaire prête l'usage au fermier. Ce produit est, ou plus grand, ou plus petit, selon l'étendue supposée de ce pouvoir, ou en d'autres termes, selon le degré qu'on suppose à la fécondité naturelle ou acquise de la terre. Si vous en déduisez ce qu'on peut regarder comme l'ouvrage de l'homme, vous aurez dans ce qui reste l'ouvrage de la nature. Ce reste est bien rarement au-dessous du quart, et souvent il excède le tiers du produit total. Il n'est aucune manufacture, où une égale quantité de travail productif puisse opérer une aussi grande reproduction. Ici, la nature ne fait rien; l'homme fait tout; et la reproduction doit être toujours proportionnée à la puissance des agens qui la donnent. C'est ainsi qu'un capital appliqué à l'agriculture, d'une part, met en mouvement une quantité de travail plus grande que celle dont ce même capital commanderoit l'action dans une manufacture, et de l'autre, par proportion avec la quantité de travail productif qu'il emploie, ajoute une valeur bien plus grande au produit annuel des terres et du travail du pays. De toutes les différentes manières d'employer un capital, celle-ci sans doute est la plus avantageuse à la société.

Les capitaux, qu'une société place dans le commerce de détail et dans la culture des terres, doivent toujours résider au milieu

de cette société : car de même que leur emploi est fixé à un lieu précis, à la ferme et
à la boutique, ainsi ils doivent en général,
car il est quelques exceptions particulières,
appartenir aux membres résidans de la société.

Le capital du négociant, au contraire,
paroît n'avoir aucune résidence fixe et nécessaire. Il peut errer d'un lieu à un autre,
selon qu'il peut, soit acheter moins cher,
soit vendre à plus haut prix.

Sans doute le capital du manufacturier
doit résider dans l'endroit où la manufacture
est établie ; mais le lieu de l'établissement
n'est pas toujours déterminé. Souvent la manufacture est placée à une grande distance,
tantôt du lieu qui produit la matière première, tantôt du lieu où les marchandises manufacturées se consomment. Lyon est éloigné tout à la fois et des endroits qui lui fournissent les soies que son industrie façonne,
et des lieux qui font la consommation de ses
soieries. Les gens riches en Sicile s'habillent
de soies produites chez eux et fabriquées ailleurs. L'Angleterre travaille une grande partie des laines d'Espagne, et l'Espagne les reçoit toutes manufacturées de l'Angleterre.

Il importe peu que le négociant, dont le

capital enlève la surabondance du produit d'un Etat, soit regnicole ou étranger. S'il est étranger, le nombre des ouvriers nationaux sera formé d'un individu de moins, et la valeur totale de leur produit annuel diminuera pour le pays du bénéfice de l'étranger. Ce dernier peut employer indifféremment à ses transports par terre et par mer des hommes, ou de son pays, ou du leur, ou de tout autre, de même que s'il étoit regnicole. De même que le capital d'un naturel, celui d'un étranger donne une valeur, au superflu du produit national, parcéqu'il l'échange de même contre quelque chose dont le pays a besoin; et remplaçant tout aussi bien le capital de la personne qui produit ce superflu, il la met également en état de continuer ses entreprises : service important, par lequel tout négociant, ou marchand en gros, contribue sur-tout à entretenir le travail productif, et à donner plus de valeur au produit annuel de la société, à laquelle appartient ce produit.

Quant au capital du manufacturier, il importe bien davantage qu'il réside dans le pays. Ce capital met en activité une plus grande quantité de travail productif, et donne une plus grande valeur au produit annuel et national de la terre et du travail. Néanmoins, il peut encore être utile à la contrée, même en n'y résidant pas. Les capitaux des manufactures angloises, occupées à travailler le chanvre et le lin qui leur arrivent annuellement des côtes de la Baltique, sont incontestablement un grand avantage pour les contrées du nord de l'Europe. Ces matières premières forment une partie du superflu de ces contrées, qui verroient ce superflu sans valeur, et cesseroient même bientôt de le produire, si elles ne trouvoient à l'échanger contre quelque autre chose dont elles ont besoin. Le négociant qui les achète et qui les exporte, remplace le capital du peuple qui les produit, et qui par là est encouragé à les reproduire; et le manufacturier à son tour remplace le capital du négociant.

Souvent un pays, de même qu'un individu, peut manquer du capital qu'il faudroit, soit pour cultiver et améliorer toute l'étendue de son territoire, soit pour préparer et manufacturer tout le produit brut nécessaire à sa consommation immédiate, soit pour transporter le superflu de son produit, ou brut ou manufacturé, jusqu'à ces marchés éloignés où l'échange donneroit en retour d'autres choses dont ce pays a besoin. Dans

plusieurs parties de la Grande-Bretagne, les
habitans sont loin d'avoir à eux tout le capital qu'exigeroient la culture et l'amélioration de leur territoire. Dans la plupart des
comtés méridionnaux de l'Ecosse, les capitaux n'étant pas suffisans pour y manufacturer les laines du pays, on est obligé de les
envoyer dans l'York-Shire, par un long tra-
jet de terre, à travers de mauvais. chemins.
Enfin dans quelques petites villes de la Grande-
Bretagne, les manufactures qui y sont établies manquent des capitaux dont elles auroient besoin pour transporter le produit de
leur propre industrie, jusqu'à ces marchés
éloignés qui le demandent et le consomment.
S'il s'y trouve quelques marchands qui l'en-
voient au dehors, ceux-ci ne sont à proprement parler que les agens des négocians
qui résident dans quelque grande ville de
commerce.

Quand le capital d'une grande contrée
ne suffit pas à l'étendue de ces trois opérations, plus la portion de ce capital appliquée
à l'agriculture sera grande, et plus sera grande
aussi la quantité du travail productif qu'il
met en mouvement, en même tems que s'augmentera davantage la valeur ajoutée par l'emploi de ce capital au produit annuel de la

terre et du travail de la société. De trois capitaux employés, l'un à l'agriculture, l'autre aux manufactures, et l'autre au commerce de transport, le premier est celui de tous qui met en activité le plus de travail productif ; le second en fait mouvoir beaucoup moins que le premier, et le troisième bien moins encore que le second.

Il est vrai que la contrée dont le capital ne suffit pas à chacune de ces trois opérations, n'est point arrivée à ce degré d'opulence qu'elle semble devoir atteindre. Cependant toute nation, de même que tout individu qui essaieroit trop tôt de satisfaire à ces trois objets à la fois avec un capital insuffisant, seroit loin de prendre le moyen le plus court d'acquérir tout le capital nécessaire. Comme celui d'un seul, celui de tous a des bornes fixées et une destination particuliere : il croît et s'augmente de même, en épargnant sur le revenu, et en ajoutant sans cesse au revenu ce qu'on épargne sans cesse. Il ne grossit donc jamais plus vîte, que lorsqu'employé de la manière la plus propre à donner le plus grand revenu à tous les membres d'une société, il les met en état d'épargner davantage : or le revenu de tous les membres du corps social est nécessairement proportionné à la valeur du produit annuel de leurs terres et de leur travail.

C'est principalement pour avoir placé jusqu'à présent presque tous leurs capitaux dans l'industrie agricole, que nos colonies d'Amérique ont fait des progrès si rapides vers la richesse et l'opulence. Elles n'ont pour toutes manufactures que celles dont un ménage ne peut se passer ; manufactures grossières qui suivent nécessairement les progrès de l'agriculture, et qui, dans chaque famille particulière, sont confiées à la mère et aux enfans. Les capitaux des négocians qui résident dans la Grande-Bretagne suffisent presque seuls à tout le commerce d'exportation sur les côtes de l'Amérique septentrionale. Il est même quelques provinces, telles surtout que la Virginie et le Maryland, où les marchandises vendues en détail dans les magasins particuliers appartiennent en grande partie à des négocians de la métropole, exemple rare d'un commerce fait au détail avec des capitaux qui n'appartiennent pas à des individus résidans. Si les Américains, soit par une ligue, soit par tout autre moyen violent, arrêtoient l'importation des manufactures de l'Europe, et détournoient une partie considérable de leur capital de l'indus-

trie agricole vers l'industrie manufacturière,
en offrant ainsi un monopole à ceux de leurs
compatriotes qui pourroient fabriquer chez
eux ce qu'on leur apporte d'ailleurs, les Américains, au lieu de le hâter, retarderoient le
moment où leur produit annuel doit atteindre au plus haut degré de valeur ; c'est-à-
dire qu'au lieu d'avancer, ils reculeroient
dans le chemin de la richesse et de la grandeur. Leur marche rétrograde deviendroit
même plus rapide, s'ils entreprenoient de
faire eux seuls le commerce d'exportation.

Je ne crois pas, à la vérité, qu'aucune
grande nation ait jamais joui d'une prospérité d'assez longue durée pour avoir pu acquérir un capital qui ait suffi tout à-la-fois
à l'industrie agricole, aux travaux des manufactures, et au commerce de transport ; à
moins qu'on ne veuille ajouter foi à tous les
récits merveilleux qu'on nous a faits de la
culture et de l'opulence de la Chine, de l'E-
gypte et de l'Indostan, dans les siècles passés ; encore même ces trois contrées, que
toutes les histoires nous représentent comme les Etats les plus riches de l'univers, ne
sont-elles renommées que par la supériorité
de leur agriculture et de leurs manufactures :
en aucun tems elles ne le furent par leur

commerce étranger. L'ancienne Egypte se distingua par une antipathie superstitieuse pour la mer. Aujourd'hui, chez les Indiens, la même superstition règne encore. Quant à la Chine, le commerce étranger n'y fut jamais florissant. La plus grande partie du produit surabondant de ces trois contrées fut toujours exportée par des étrangers qui laissoient en échange les marchandises qu'on leur demandoit : ce fut le plus souvent de l'or et de l'argent.

Ainsi, dans un même pays, le même capital met en mouvement une quantité, ou plus grande, ou plus petite de travail productif ; ainsi il ajoute, ou plus, ou moins de valeur au produit annuel des terres et du travail, suivant les diverses proportions qu'on suit en l'appliquant à l'agriculture, aux manufactures, et au commerce en gros ; et même dans ce dernier emploi la différence est encore très grande, suivant les différentes branches qui attirent à elles une partie de ce capital.

On peut réduire à trois divisions tout commerce en gros, tout achat qu'on fait dans la vue de revendre en gros. Je les nomme commerce intérieur, commerce étranger de consommation, et commerce de transport.

Le premier, borné à une seule contrée, achète dans un canton, et vend dans un autre le produit de l'industrie de cette contrée. Il passe de l'intérieur aux côtes, et des côtes revient à l'intérieur ; le second achète pour la consommation intérieure les marchandises étrangères ; et le troisième s'exerce dans les pays étrangers, c'est-à-dire qu'il transporte des uns aux autres la surabondance de leurs divers produits.

Le capital, qui sert dans une même contrée à acheter d'un canton, et à revendre à un autre le produit de l'industrie de cette contrée, remplace en général par chacune de ces deux opérations deux capitaux différens, l'un et l'autre employés dans l'agriculture et dans les manufactures du pays, qui peuvent dès lors continuer d'en faire le même emploi : en échange des marchandises qu'il envoie, il en reçoit d'autres qui sont au moins d'une égale valeur. Comme les unes et les autres sont le produit de l'industrie nationale, il remplace nécessairement par chacune de ces deux opérations deux capitaux bien distincts, employés également à entretenir le travail productif, et capable dès lors de continuer cet entretien. Le capital qui envoie à Londres des marchandises manufacturées en Ecosse, et qui rapporte à Edimbourg du blé et des **mar-chandises d'Angleterre**, remplace nécessai-rement par cette double opération deux ca-pitaux de la nation britannique, appliqués à l'agriculture et aux manufactures de la Grande-Bretagne.

Le capital qui, avec le produit de l'indus-trie nationale, achète pour la consomma-tion intérieure des marchandises étrangères, remplace aussi par chacune de ces opéra-tions deux capitaux qui sont bien distincts, mais dont l'un seulement sert à entretenir l'industrie nationale. Le capital qui envoie des marchandises angloises en Portugal, et qui rapporte en Angleterre des marchandises por-tugaises, ne remplace par chacune de ces opé-rations qu'un capital anglois : l'autre est un capital portugais. Ainsi, quand même les re-tours du commerce étranger de consomma-tion seroient aussi prompts que ceux du com-merce intérieur, le capital qu'on y emploie n'encourageroit qu'à moitié, l'industrie ou le travail productif du pays.

Mais les rentrées de ces deux commerces sont rarement aussi promptes. Le capital du commerce intérieur revient ordinairement avant la fin de l'année, et souvent aussi trois, ou quatre fois dans l'année. Celui du commerce étranger de consommation revient bien rarement avant la fin de l'année; ce n'est même quelquefois qu'après deux ou trois années. Aussi le premier fait-il quelquefois jusqu'à douze opérations, c'est-à-dire qu'il va et revient douze fois avant que le second en ait fait une seule. Supposez donc une parfaite égalité entre ces capitaux, et vous les verrez encourager et soutenir l'industrie du pays, l'un vingt-quatre fois plus que l'autre.

On peut acheter quelquefois, pour la consommation intérieure, des marchandises étrangères, non pas avec le produit de l'industrie nationale, mais avec d'autres marchandises de l'étranger. Il faut néanmoins que celles-ci aient été achetées, soit immédiatement avec le produit de l'industrie nationale, soit avec toute autre chose donnée en retour de ce produit; car les marchandises étrangères, excepté le cas de guerre et de conquête, ne peuvent jamais être acquises qu'en échangeant contre elles une portion du produit domestique, soit qu'on le donne immédiatement, soit qu'il ait déja passé par d'autres échanges plus ou moins nombreux. Ainsi donc les effets d'un capital employé après un long circuit dans un commerce

étranger de consommation sont à tous égards
les mêmes que ceux d'un capital employé
dans le commerce le plus direct de la même
espèce, excepté que le retour final du premier doit être naturellement encore plus
éloigné, par la raison qu'il dépend des rentrées de deux ou trois autres commerces
bien distincts. Si l'on achète, par exemple,
le lin et le chanvre de Riga avec le tabac de la
Virginie, acheté lui-même avec des marchandises manufacturées en Angleterre, il faut
attendre le retour de deux commerces étrangers bien distincts, avant de pouvoir employer le même capital à racheter une pareille quantité de marchandises angloises.
Si le tabac de Virginie, au lieu d'être acheté
avec le produit des manufactures de l'Angleterre, l'eût été avec le sucre et le vin
de la Jamaïque, achetés auparavant avec les
denrées manufacturées dans la Grande-Bretagne, il faudroit attendre le retour du capital de trois genres de commerce. Supposons
ensuite que ces deux ou trois commerces
bien distincts se soient faits par deux ou trois
marchands différens, dont le second acheta
les marchandises qu'importa le premier, et
le troisième celles qu'importa le second pour
les exporter encore ; il est sûr que chaque

marchand verroit alors rentrer plus vîte son propre capital : mais la rentrée de tout le capital employé dans ce commerce n'en auroit pas moins une égale lenteur. Que la totalité de ce capital, qui parcourt un si long circuit de commerce, appartienne soit à un marchand, soit à trois, il n'en résultera aucune différence pour la contrée, quoiqu'il puisse en résulter une pour chaque marchand en particulier. Dans l'une et l'autre supposition, il faut, pour échanger une certaine valeur de marchandises angloises contre une certaine quantité de lin et de chanvre, que le capital soit trois fois plus grand qu'il ne devroit l'être, si l'on vouloit échanger directement contre le lin et le chanvre les denrées manufacturées en Angleterre. Aussi tout le capital employé dans un commerce étranger de consommation, lorsqu'il va par un aussi grand circuit, donne-t-il en général moins d'encouragement et de soutien au travail productif d'un pays, qu'un capital semblable employé dans un commerce plus direct de la même nature.

Quelle que soit la marchandise étrangère avec laquelle on achète au dehors pour la consommation intérieure, elle n'apporte aucune différence essentielle, soit dans la na-

ture du commerce, soit dans l'encouragement et dans l'entretien que peut en recevoir le travail productif de la contrée d'où
ce commerce a lieu. Si , par exemple, on
achète des marchandises étrangères avec l'or
du Brésil et l'argent du Pérou , cet argent
et cet or , comme le tabac de Virginie,
furent achetés sans doute avec une portion
du produit de l'industrie domestique , ou
avec toute autre chose que ce produit avoit
précédemment achetée. Ainsi donc , relativement au travail productif du pays , le commerce étranger de consommation qui se fait
avec de l'or et de l'argent a les avantages
et les inconvéniens de tout autre commerce
de consommation , qui se fait par un long
circuit d'échanges antérieurs, en même tems
qu'il ne remplace ni plus vîte ni plus lentement le capital qui entretient immédiatement le travail productif. Il semble même
avoir un avantage sur tout autre commerce
qui se fait avec des échanges antérieurs. Ces
métaux, à cause de leur petit volume et
de leur grande valeur, sont d'un déplace-
ment, d'un transport moins dispendieux que
toute autre marchandise étrangère d'égale
valeur. Ils coûtent moins en fret, et ne coûtent pas davantage en assurances : d'ailleurs
aucune

aucune autre marchandise n'est moins exposée aux déchets du transport. Par conséquent, à l'aide de l'or et de l'argent, plutôt que par le moyen de toute autre marchandise étrangère, on peut souvent acheter une égale quantité des denrées de l'étranger avec une moindre quantité du produit de l'industrie nationale. De cette manière on satisfait plus complètement et à moins de frais à toutes les demandes d'un pays. J'examinerai plus en détail dans la suite de ces recherches, si par l'exportation continuelle de l'or et de l'argent, cette espèce de commerce n'appauvrit pas le pays d'où il se fait.

La partie du capital d'un pays, employée dans le commerce de transport, n'anime plus le travail productif de ce pays ; elle va soutenir au contraire celui des pays étrangers. En effet, quoique ce capital partiel puisse remplacer par chaque opération deux capitaux distincts, aucun de ces deux capitaux n'appartient à la contrée d'où il est sorti. Le capital du marchand hollandois qui transporte en Portugal le blé de Pologne, et qui rapporte en Pologne les fruits et les vins de Portugal, remplace par chacune de ces opérations deux capitaux différens ; cependant l'emploi de ces deux capitaux ne sert pas à soutenir le travail productif de la Hollande ; mais l'un anime le travail productif de la Pologne, l'autre entretient celui du Portugal. La Hollande ne retire régulièrement que les bénéfices de ce capital ; et ces bénéfices forment seuls toute la valeur que ce commerce doit nécessairement ajouter au produit annuel de la terre et du travail de cette contrée. Lorsqu'il arrive néanmoins que le commerce de transport d'une contrée particulière se fait par les navires et par les matelots de cette contrée, il en résulte alors que la partie du capital destinée à payer le fret se distribue parmi un certain nombre d'ouvriers productifs qu'elle met en activité. Cette opération est presque celle de tous les peuples qui exercent en grand le commerce de transport ; il est même vraisemblable que ce genre de commerce a tiré son nom de cette sorte d'opération, puisque ces peuples sont effectivement ceux qui transportent aux pays étrangers. Cependant la nature de ce commerce n'exige pas essentiellement qu'il se fasse ainsi. Un marchand hollandois, par exemple, qui destine son capital à transporter respectivement de Portugal en Pologne, et de Pologne en Portugal, le produit surabondant des deux contrées, peut employer à ce genre de commerce, non des vaisseaux hollandois, mais des vaisseaux anglois. On peut même présumer qu'il en est ainsi aujourd'hui dans quelques occasions particulières. On a supposé cependant, par cette raison, qu'un pays tel que la Grande-Bretagne, dont la défense et la sûreté résidant dans le nombre de ses marins et de ses vaisseaux, devoit retirer des avantages considérables du commerce de transport. Mais il faut observer qu'un capital égal peut employer, soit dans le commerce étranger de consommation, soit même dans le commerce intérieur de cabotage, autant de marins et autant de vaisseaux qu'il en emploieroit dans le commerce de transport. Car le nombre de marins et de navires qu'un capital particulier peut mettre en mouvement ne dépend pas de la nature du commerce; cet effet dépend en partie du volume des marchandises proportionnellement à leur valeur: il dépend encore de la distance des ports, d'où partent réciproquement ces marchandises; mais il est principalement subordonné à la première de ces deux circonstances. Par exemple, le commerce de charbon de Newcastle à Londres nécessite lui seul plus de vaisseaux que tout le commerce de transport d'Angleterre, quoique les ports

ne soient pas à une distance très éloignée.
Si donc, à la faveur d'encouragemens extraordinaires, vous réussissez à faire entrer dans le commerce de transport une partie du capital d'un pays, plus grande que
celle qu'exigeroit naturellement ce commerce, il ne s'en suivra pas toujours que vous
augmentiez par ce moyen la marine de cette
contrée.

C'est pourquoi, en employant un capital
dans le commerce intérieur d'une contrée,
non seulement on encourageroit et on sou-
tiendroit généralement plus de travail productif dans ce pays, mais on y donneroit
encore plus de valeur au produit annuel,
qu'on ne le feroit, en faisant servir un capital égal au commerce étranger de consommation ; et cependant, ce dernier emploi seroit beaucoup plus avantageux encore que s'il étoit destiné au commerce
de transport. La richesse et la puissance,
car ce dernier avantage dépend presque
toujours du premier, la richesse, dis - je,
et la puissance de chaque contrée doivent
être proportionnées à la valeur de son produit annuel, puisque ce produit est en dernière analyse le fonds qui acquitte toutes
les taxes : or le grand objet de l'économie

politique de chaque contrée doit tendre à l'augmentation de ses richesses et de son pouvoir. Elle manqueroit donc ce but, si elle excitoit, par une préférence marquée, ou par des encouragemens supérieurs, le commerce étranger à s'élever au - dessus du commerce intérieur ; elle s'en éloigneroit encore davantage, si par des moyens impolitiques elle procuroit au commerce de transport la funeste facilité d'écraser les deux autres. Elle ne doit, ni forcer d'entrer, ni même attirer dans aucun de ces deux canaux une partie du capital plus grande que celle qu'ils recevroient du cours naturel des choses.

Cependant chacune de ces différentes branches de commerce est non seulement avantageuse, mais nécessaire encore et même inévitable, quand le concours des circonstances les introduit dans une contrée, naturellement et sans contrainte.

Lorsque le produit d'une branche particulière d'industrie excède les besoins d'un pays, il est nécessaire alors d'en exporter le surplus, et de l'échanger contre les choses dont ce pays peut manquer. Sans cette exportation, on verroit cesser une partie du travail productif de cette contrée ; on verroit également diminuer la valeur de son produit annuel. La terre et le travail rendent généralement dans la Grande-Bretagne plus de blé, plus de laine, plus de clincaillerie que n'en demande la consommation intérieure; il faut donc en exporter le surplus, et l'échanger contre des denrées dont la Grande-Bretagne ait besoin. Cette exportation peut seule donner à cet excédent assez de valeur pour compenser le travail et la dépense qu'à nécessités le produit. C'est pourquoi le voisinage des côtes de la mer et les bords de toutes les rivières navigables sont les situations les plus favorables à l'industrie, uniquement parcequ'ils facilitent ces exportations et ces échanges réciproques.

Si les marchandises achetées avec le produit surabondant de l'industrie nationale excèdent aussi les demandes et les besoins de la contrée, il sera nécessaire encore d'envoyer cet excédent au dehors, et de l'échanger contre quelque chose d'une nécessité plus absolue. Le produit surabondant de l'industrie angloise achète annuellement dans la Virginie et au Maryland à-peu-près quatre-vingt-seize mille muids de tabac; mais la Grande-Bretagne n'en consomme peut-être pas plus de quatorze mille. Or, si l'on ne pouvoit pas envoyer au dehors les quatre-vingt-deux mille muids qui excèdent cette consommation, si l'on ne trouvoit pas le moyen de les échanger contre quelque chose dont la contrée ressent un besoin plus urgent, leur importation dès lors cesseroit nécessairement : avec elle cesseroit aussi le travail productif de tous les habitans de la Grande-Bretagne, dont l'industrie prépare aujourd'hui les marchandises qui achètent annuellement ces quatre-vingt-deux mille muids de tabac. En effet, ces marchandises qui composent une partie du produit de la terre et du travail de la Grande-Bretagne, n'étant point consommées au dedans, cesseroient nécessairement d'être produites du moment qu'elles seroient privées de la consommation extérieure. Et c'est ainsi que le commerce étranger de consommation, peut, dans certaines occasions, lors même qu'il se fait par le plus long circuit, soutenir avec autant d'avantage que le commerce le plus direct le travail productif d'une contrée et la valeur de son produit annuel.

Lorsque le fonds capital d'une contrée s'est accru au point qu'il n'est plus possible d'en employer la totalité à la consommation intérieure et à l'entretien du travail productif, l'excédent passe bientôt comme de lui-

même dans le commerce de transport, à
l'aide duquel il va s'appliquer aux mêmes
emplois dans d'autres contrées. Ce genre de
commerce est l'effet, et non la cause de la
grande richesse d'un peuple. Quelques hommes d'état, dont il a obtenu des encouragemens particuliers, l'ont regardé, il est vrai,
comme la source de la prospérité publique;
mais il n'en est que le symptôme. La Hollande, qui, relativement à l'étendue de son
territoire et au nombre de ses habitans, est
la contrée la plus riche de toute l'Europe,
a la plus grande part dans le commerce de
transport que fait l'Europe. L'Angleterre,
qui dans la carrière de la richesse vient immédiatement après la Hollande, passe aussi
pour avoir une part considérable dans ce
même commerce, quoique ce qu'on regarde
communément comme commerce de transport pour l'Angleterre ne soit pour elle que
le commerce étranger et circulant de consommation : telles sont en grande partie ces
embarcations qui versent dans les marchés
de l'Europe toutes les productions ou brutes ou manufacturées de l'Asie et de l'Amérique. C'est en général avec le produit de
l'industrie angloise, ou avec quelque autre
chose que ce produit a obtenu en échange,

qu'on achète toutes ces productions ; et tout ce grand commerce, en dernière analyse, rentre et se répand dans la consommation de la Grande-Bretagne. Ce qu'on peut appeller proprement son commerce de transport se réduit peut-être à celui que font d'une part ses navires dans les différens ports de la Méditerranée, et de l'autre ses marchands dans les places différentes de l'Inde.

L'étendue du commerce intérieur et du capital qu'on y peut employer est nécessairement limitée par la valeur du produit surabondant de tous les différens endroits d'un même pays, qui ont besoin d'échanger, les unes contre les autres, leurs productions respectives. L'étendue du commerce étranger de consommation est limitée par la valeur du produit surabondant d'un pays, et de tout ce que ce pays peut acheter. Enfin, l'étendue du commerce de transport n'a d'autres bornes que la valeur du produit surabondant de toutes les différentes contrées du monde. Comparée aux deux autres, cette dernière est comme infinie : elle peut absorber les plus grands capitaux.

Le seul motif qui détermine le propriétaire d'un capital à le placer dans l'industrie agricole, dans les manufactures, ou dans quelque branche particulière de commerce, soit en gros, soit en détail, c'est l'espoir d'en retirer un bénéfice qui lui appartienne. Jamais, ni les différentes quantités de travail productif qu'il peut mettre en mouvement, ni les différentes valeurs qu'il peut ajouter au produit annuel de la terre et du travail par l'une de ces trois diverses manières de l'employer, n'entreront dans sa pensée. Ainsi par-tout où l'agriculture sera de tous les emplois le plus avantageux, et le plus court de tous les chemins pour arriver à la fortune, c'est vers cet emploi le plus profitable à la société que se tourneront naturellement tous les capitaux des individus. Cependant, nulle part en Europe, les bénéfices de l'agriculture ne paroissent supérieurs à ceux que donne toute autre manière d'employer un capital. Depuis quelques années, il est vrai, on a vu s'élever de tous côtés des faiseurs de projets qui, par des récits magnifiques, ont promis au public de grands profits à faire par l'amélioration et la culture des terres. Ne discutons en particulier aucun de leurs calculs ; il suffit d'une seule observation fort simple pour nous convaincre que le résultat de tous ces calculs est faux. Nous voyons tous les jours, soit par le commerce, soit par les manufactures, s'élever, pendant le cours d'une seule vie, les fortunes les plus brillantes ; et ces fortunes rapides n'ont eu souvent pour principe qu'un capital modique; quelquefois même elles n'en eurent aucun. L'agriculture, pendant le cours du siècle présent, n'offre peut-être pas, dans l'Europe entière, un seul exemple d'une pareille fortune, acquise aussi rapidement, et avec un semblable capital. Cependant, dans toutes les grandes contrées de l'Europe, une grande étendue de bonnes terres reste encore sans culture, et la plupart de celles qui sont cultivées sont éloignées encore du degré d'amélioration qu'on peut leur donner. L'agriculture pourroit donc absorber presque partout un capital beaucoup plus grand que celui qui la met aujourd'hui en activité. Je m'efforcerai, dans les deux livres suivans, d'expliquer d'une manière satisfaisante quelles sont les circonstances qui ont déterminé la politique de l'Europe à donner au commerce des villes tant d'avantage sur celui de la campagne ; avantage si supérieur, que les particuliers, en employant leurs capitaux dans le commerce de transport le plus éloigné, je veux dire dans celui de l'Asie ou de l'Amérique, se promettent cependant que cet emploi sera plus utile que ne le seroit celui d'un capital égal, destiné à la culture ou à l'amélioration des terres les plus fertiles de leur voisinage.

LIVRE TROISIÈME.

DES DIVERS PROGRÈS DE L'OPULENCE CHEZ DIFFÉRENTES NATIONS.

CHAPITRE PREMIER.

Des progrès naturels de l'opulence.

C'EST entre les villes et la campagne que s'établit le grand commerce de toute société civilisée, par l'échange du produit brut et du produit manufacturé, soit sans aucun moyen intermédiaire, soit à l'aide ou de l'argent, ou du papier qui représente l'argent. Les campagnes fournissent à la ville et les denrées dont elle se nourrit et les matières que travaillent les manufactures. La ville donne en retour aux campagnes une partie de ces mêmes matières, qu'elle leur renvoie manufacturées ; ainsi, ne produisant rien par elle-même, et ne pouvant rien produire, c'est des campagnes seules, à proprement parler, que la ville tire toute sa subsistance ainsi que toute sa richesse.

N'allons pas nous imaginer cependant que les gains de la ville soient une perte pour les campagnes. Non ; les gains sont mutuels et réciproques, et la division du travail devient ici, comme par-tout ailleurs, avantageuse à tous les individus que mettent en mouvement les distributions particulières du travail commun. L'habitant des campagnes achète de la ville une plus grande quantité de marchandises manufacturées, avec le produit d'une quantité de travail qui seroit nécessairement plus grande, s'il falloit qu'il préparât lui-même ces marchandises. La ville ouvre au produit surabondant des campagnes, c'est-à-dire à ce qui excède l'entretien des cultivateurs, un marché où ceux-ci échangent ce surplus contre quelque autre chose dont ils ont besoin. Ce marché, ouvert aux habitans de la campagne, est d'autant plus étendu, que le nombre et le revenu des habitans de la ville sont plus considérables, de même que, plus il s'étend, plus il devient avantageux à la multitude : le blé qui croît à un mille de la ville y est vendu aussi cher que le blé qu'on y apporte d'une distance de vingt milles ; mais le prix de celui-ci doit non seulement payer les frais de la culture et du transport, il faut qu'il donne encore au fermier les bénéfices ordinaires. Aussi les propriétaires et les cultivateurs, dont les terres sont placées dans le voisinage de la ville, gagnent-ils, indépendamment de ces bénéfices ordinaires, tout ce qu'il leur en coûteroit de plus en frais de transport, soit pour conduire de chez eux à la ville les marchandises qu'ils vendent, soit pour amener de la ville chez eux celles qu'ils achètent. Comparez la culture des terres dans le voisinage d'une ville considérable, avec celle des terres qui en sont à quelque distance, et vous serez aisément convaincu de tout le bien que le commerce de la ville fait à la campagne. De toutes ces absurdes spéculations qu'on a si fort multipliées sur la balance du commerce, aucune n'a jamais prétendu que la campagne perdît par son commerce avec la ville, ni la ville par celui qu'elle fait avec la campagne.

Comme il est dans l'ordre des choses que la subsistance existe avant les objets d'agrément et de luxe, ainsi l'industrie qui fournit la première est nécessairement antérieure à l'industrie qui fournit les autres. La culture et l'amélioration des campagnes, qui donnent à l'homme sa subsistance, précèdent donc nécessairement l'opulence des villes, d'où l'homme ne tire que les objets d'agrément et de luxe. Le produit surabondant de la campagne, c'est-à-dire ce qui excède l'entretien des cultivateurs, formant la subsistance de la ville, la ville ne peut s'accroître, à moins que ce surabondant ne s'accroisse de même. Il est vrai qu'elle ne sauroit toujours tirer toute sa subsistance, ni des campagnes voisines, ni même du grand territoire où elle se trouve placée ; elle a besoin encore des campagnes éloignées, et quoique cette circonstance ne soit pas une exception à la règle générale, elle a produit néanmoins des variations considérables dans les progrès de l'opulence en différens siècles et chez diverses nations.

Si cet ordre de choses qu'impose en général la nécessité ne règne pas également dans chaque contrée particulière, néanmoins l'homme, dans chaque contrée particulière, se sent naturellement porté à le suivre. Supposez que les institutions sociales n'eussent jamais contrarié les inclinations naturelles, jamais les villes ne se seroient agrandies plus que ne le permettoient l'amélioration et la culture du territoire où elles étoient situées :

du

du moins leur agrandissement auroit-il attendu que tout ce territoire eût reçu le com-
plément de culture dont il étoit susceptible.
Supposez encore les bénéfices égaux ou presque égaux de part et d'autre, et la plupart des
hommes appliqueront leurs capitaux à l'agriculture, plutôt qu'aux manufactures ou au
commerce étranger. Celui qui applique ainsi
son capital, l'a, pour ainsi dire, sous ses yeux
et à son commandement : il surveille sa fortune de plus près que le négociant ne surveille
la sienne ; car il faut, dans le commerce, non
seulement l'exposer aux vents et aux vagues,
mais encore aux élémens plus hasardeux de
la folie et de l'injustice humaine, en accordant un grand crédit à des hommes qui vivent placés à une grande distance, et dont il
est rare qu'on puisse connoître le caractère
et la situation. Le capital, au contraire, qu'on
destine à l'amélioration de la terre, est aussi
assuré que peut le permettre la nature des
choses humaines. D'ailleurs, la beauté de
la campagne, les douceurs de la vie champêtre, la tranquillité d'ame qu'elle promet, l'indépendance qu'elle donne toutes
les fois que l'injustice des loix humaines ne
vient pas la troubler, ont toujours un attrait
plus ou moins puissant sur la foule des hom-

mes ; et comme nous fûmes originairement
destinés à cultiver la terre, il semble qu'à
chaque période de notre vie un goût de préférence nous ramène vers notre première
destination.

Il est vrai que la culture de la terre, sans
le secours de quelques artisans, seroit sujette
à des inconvéniens nombreux et à des inter-
ruptions continuelles. Le fermier a souvent
besoin des services du forgeron, du charpen-
tier, du charron, du maçon en pierres et en
briques, du tanneur, du cordonnier et du
tailleur. Ces mêmes artisans ont aussi besoin
quelquefois les uns des autres ; et comme leur
résidence n'est pas, ainsi que celle du fermier, nécessairement attachée à un point fixe,
ils vont naturellement s'établir dans le voisinage l'un de l'autre, formant ainsi une petite
ville, ou une bourgade. Bientôt le boucher,
le brasseur et le boulanger s'unissent à cette
première aggrégation, qui se grossit encore de
quelques autres artisans et détailleurs, qui,
tous nécessaires ou utiles aux besoins momentanées de chacun d'entre eux, contribuent à
donner un nouvel accroissement à la ville.
Les habitans de la ville et les habitans de la
campagne sont tous mutuellement serviteurs
les uns des autres ; la ville est un marché con-

tinuel, une foire toujours ouverte, où le peuple des campagnes échange le produit brut contre le produit manufacturé : ce commerce fournit aux citadins les matières qu'ils travaillent et les denrées qui les nourrissent. La quantité de l'ouvrage fini qu'ils vendent règle nécessairement la quantité des matières et des denrées qu'ils achètent ; aussi ni leur travail, ni leur subsistance ne sauroit augmenter qu'en proportion de l'accroissement de la demande de la part des campagnes ; et cette demande ne peut s'élever qu'en raison des progrès de l'amélioration et de la culture. Il est donc démontré que si les institutions sociales n'eussent jamais troublé l'ordre naturel des choses, la richesse et l'agrandissement progressif des villes eussent marché d'un pas égal, dans chaque société policée, avec l'amélioration et la culture du territoire, ou de la contrée.

Dans nos colonies de l'Amérique septentrionale, où il est encore facile de se procurer des terreins incultes, aucune ville n'a établi encore des manufactures destinées à vendre au loin le produit de leur travail. Là, sitôt qu'un artisan est parvenu à grossir son fonds un peu au-delà de ce qu'il doit être pour continuer à fournir le pays voisin, il ne songe point à élever une manufacture qui lui serve à étendre plus loin son commerce ; il achète et met en valeur un terrein inculte : c'étoit un artisan , c'est un planteur ; fier de travailler pour lui-même , le haut prix de la main-d'œuvre et la facilité des subsistances qu'offre par-tout ce pays ne le tenteront plus de travailler pour les autres ; il a senti qu'un artisan est le valet de ses pratiques , puisqu'il leur doit sa subsistance : au lieu qu'un planteur , cultivant une terre qui est à lui , et tirant sa subsistance du travail de sa famille , est un maître , et un maître indépendant de tout le monde.

Dans les pays, au contraire, où il n'est plus de terres , soit incultes , soit faciles à acquérir , chaque artisan , dont les fonds se sont accrus au-delà de ce qu'il peut en employer pour satisfaire à toutes les demandes du voisinage , chaque artisan , dis-je , s'applique à préparer une surabondance d'ouvrage qu'il puisse vendre au loin. Ainsi le tisserand et le forgeron érigent comme une espèce de manufacture, celui-ci en fer, celui-là en toile et en laine ; et quand le temps est parvenu par degrés à les subdiviser l'une et l'autre en différentes occupations , alors améliorées et rafinées , elles se perfectionnent par une grande variété de moyens qu'il est aisé de concevoir, et par conséquent inutile d'expliquer davantage.

Toutes les fois qu'en cherchant de l'emploi pour un capital, on voit de part et d'autre des bénéfices égaux ou presque égaux à recueillir, les manufactures obtiennent naturellement la préférence sur le commerce étranger, par la raison qui la fait obtenir à l'agriculture sur les manufactures. De même que le capital du fermier et du propriétaire est mieux assuré que celui du manufacturier, ainsi le capital du manufacturier est plus assuré que celui du négociant étranger, parceque, dans les deux positions respectives, il est sous la main, et comme à volonté. Il est vrai qu'à chaque nouvelle période de prospérité où la société arrive, la partie surabondante du produit brut et du produit manufacturé, c'est-à-dire celle pour laquelle il n'y a point de demande au dedans, doit être nécessairement envoyée au dehors pour y obtenir en échange quelque chose dont le pays ait besoin. Mais il importe peu que le capital qui fait sortir ce produit surabondant soit étranger ou national. Si la société n'a pas acquis encore tout le capital nécessaire pour cultiver la totalité du sol qu'elle possède, et pour travailler de la manière la plus complète tout ce qu'elle a de produit brut, ce sera même pour elle un très grand avantage que ce produit brut soit exporté par un capital étranger, puisqu'alors le capital national pourra être appliqué à un usage plus utile pour elle. Il est suffisamment démontré par la richesse de l'ancienne Egypte, ainsi que par la fortune actuelle de la Chine et de l'Indostan, qu'il est possible à une nation d'arriver à un très haut degré d'opulence, quoique la plus grande partie de son commerce d'exportation soit dans les mains des étrangers. Nos colonies de l'Amérique septentrionale et des Indes occidentales eussent fait sans doute des progrès bien moins rapides, si leur capital seul eût fait l'exportation de leur superflu.

Ainsi donc, en suivant le cours naturel des choses, la plus grande partie du capital d'une société dont la prospérité commence cherche d'abord l'agriculture, passe ensuite aux manufactures, et finit en troisième lieu par s'attacher au commerce étranger. Cet ordre des choses est si bien celui de la nature, qu'il n'est point de société propriétaire d'un territoire qui ne s'y soit, je crois, plus ou moins conformée.

Mais quoiqu'il ait assez généralement servi

de règle à la conduite de tout corps social, néanmoins les États modernes de l'Europe l'ont totalement interverti. On a vu par le commerce étranger de quelques unes de leurs villes s'introduire les manufactures les plus belles, celles du moins dont l'ouvrage peut trouver un débit au loin, et à la suite des manufactures associées au commerce étranger arriver les améliorations principales de l'agriculture. Ce sont les mœurs et les coutumes que leur gouvernement primitif avoit introduites, et dont les altérations que ce gouvernement a souffertes n'ont pu anéantir l'influence, qui leur ont donné, contre nature, ce mouvement nécessaire et rétrograde.

CHAPITRE II.

Du découragement de l'agriculture en Europe, après la chûte de l'empire romain.

L ORSQUE les Germains et les Scythes eurent inondé les provinces occidentales de l'empire romain, la confusion et le désordre qu'amena cette grande révolution durèrent plusieurs siècles encore. On vit les anciens habitans, livrés à la violence et à la rapine des barbares, interrompre tout commerce entre les villes et la campagne. On déserta les villes ; on laissa les campagnes sans culture ; et les provinces occidentales de l'Europe, qui sous les Romains s'étoient élevées par la civilisation à une grande opulence, tombèrent de cette hauteur au degré le plus bas de la pauvreté et de la barbarie. Au milieu de ces troubles et dans la désolation générale, les chefs et les principaux du peuple conquérant acquirent, ou plutôt usurpèrent la plus grande partie des terres qui toutes, à la vérité, n'étoient pas encore culti-

vées; mais cultivées ou incultes, le vain-
queur s'en saisit : elles ne formèrent plus
qu'un petit nombre de grandes propriétés.

Cette réunion des terres incultes dans la
main de quelques individus fut sans doute
un grand mal dans l'origine; cependant il
pouvoit n'être que passager; il étoit possible de les voir divisées et morcelées de nouveau par héritage et par aliénation; mais la
loi de primogéniture empêcha de les diviser par héritage, et la loi des substitutions
de les morceler par aliénation.

Lorsqu'une terre, regardée comme un
bien meuble, n'est dans l'opinion des familles
qu'un moyen de subsister et de jouir, alors
partagée comme les meubles, par la loi naturelle des successions, elle passe en portions égales à tous les enfans d'un même
père, jaloux de leur donner à tous de quoi
subsister et jouir également. Aussi les Romains qui, pour le partage des terres, comme
nous pour le partage des meubles, ne faisoient aucune distinction entre le cadet et
l'aîné, entre les garçons et les filles, obser-
vèrent-ils fidèlement cette loi naturelle des
successions. Mais lorsqu'une terre commença
à être regardée comme un moyen, non pas
seulement de subsister, mais encore de se

donner une grande puissance, d'arriver à une certaine autorité, alors on pensa qu'il valoit mieux la faire passer sans démembrement et sans partage dans les mains d'un seul héritier ; car, dans ces siècles de désordre et de confusion, tout grand propriétaire s'érigeoit en petit souverain. Juge, et à quelques égards législateur pendant la paix, général d'armée pendant la guerre, pour sujets il avoit ses vassaux, qu'il faisoit marcher à son gré, souvent contre ses voisins, quelquefois contre son prince. Sa propre sûreté et la protection qu'il pouvoit donner à tous ses vassaux dépendoient donc de l'étendue du territoire : le diviser, c'eût été le ruiner ; c'étoit en livrer chaque partie aux incursions et au pillage des voisins. La loi de primogéniture fut donc introduite, quant à la succession aux propriétés foncières, non tout de suite, il est vrai, mais avec le tems, par la raison qui l'a fait admettre, pour la succession à la couronne, dans les monarchies, quelques tems après l'époque de leur établissement. Car si l'on veut conserver à la monarchie toute sa puissance, et par conséquent sa sécurité, il faut que, jamais démembrée, elle passe toute entière à l'un des enfans : mais quel est celui que favorisera cette grande préférence? On a besoin, pour se décider, d'une règle générale qui, fondée non sur les distinctions douteuses du mérite personnel, mais sur une différence pleine et évidente, soit à l'abri de toute discussion; entre tous les enfans d'une même famille il ne peut exister de différence incontestable que celle du sexe et de l'âge. Par la différence du sexe, les garçons obtiennent en général la préférence sur les filles ; et par la différence des âges, presque par-tout l'aîné l'emporte sur le cadet; de là le droit de primogéniture, et ce qu'on appelle succession en ligne directe.

Les loix gardent souvent toute leur force, même long-tems après que n'existent plus les circonstances qui les ont nécessitées, et qui seules les rendoient raisonnables. Aujourd'hui, en Europe, posséder un acre ou cent mille acres de terre, c'est avoir une propriété également assurée. Cependant le droit de primogéniture conserve encore toute sa puissance ; et comme de toutes les institutions sociales, il n'en est aucune qui prête plus d'appui à l'orgueil des distinctions de famille, il est vraisemblable qu'on le respectera durant plusieurs siècles. Sous tout autre rapport, néanmoins, rien n'est plus op-

posé aux intérêts d'une famille nombreuse
que le droit qui, pour enrichir un enfant,
appauvrit tous les autres.

Les substitutions furent une conséquence
naturelle de la loi de primogéniture qui en
donna la première idée. On les autorisa en
effet pour conserver une succession en ligne
directe, et pour empêcher qu'aucun de ceux
qui, en suivant cette ligne, deviendroient successivement propriétaires d'un bien fonds,
ne pût en détourner la moindre partie,
soit par aliénation ou par testament, soit
par des circonstances malheureuses ou par
une folle prodigalité. Les Romains ne con-
nurent jamais rien de semblable. Leurs substitutions, non plus que leurs fidéicommis,
n'offrent aucun rapport avec les nôtres, quoique des jurisconsultes françois aient jugé à
propos d'habiller à l'antique l'institution moderne, et de prêter à l'une et à l'autre la même
forme et le même langage.

Quand une grande propriété territoriale
formoit une espèce de principauté, peut-
être qu'alors les substitutions n'étoient pas
déraisonnables : semblables à ces loix qu'on
appelle fondamentales dans certaines monarchies, elles pouvoient empêcher que le
caprice ou l'extravagance d'un seul individu

ne mît en danger la sureté et même l'existence de plusieurs milliers de personnes.
Mais dans l'état présent de l'Europe, quand
les plus petites propriétés, comme les plus
grands États, doivent leur sûreté à la puissance des loix, il n'est rien peut-être de plus
complètement absurde que les substitutions.
Comment, en effet, ne pas les juger ainsi,
quand on les voit s'appuyer sur la supposition la plus fausse qu'il soit possible à l'homme d'imaginer ; supposition par laquelle on
prétend que chaque génération successive
n'a pas un droit égal à la terre et à tout ce
qu'elle y possède, mais que la fantaisie d'un
individu, qui vivoit peut-être il y a cinq cens
ans, peut borner et restreindre la propriété
de la génération actuelle ? Cependant les substitutions sont respectées encore dans la plus
grande partie de l'Europe, dans les états
sur-tout, où, pour arriver aux places de la
magistrature et aux honneurs du service militaire, il faut présenter les titres d'une noblesse originaire. On les a jugées nécessaires pour perpétuer, dans un ordre de citoyens, un privilège exclusif aux grandes
charges et aux grandes dignités de l'État ; et
comme par ce privilège, les nobles ont usurpé
sur le reste de la société un avantage dont

l'injustice est criante, ils en ont obtenu un autre, non moins injuste, celui d'une richesse inamovible, de peur que l'inconsidération attachée à la pauvreté ne finît par attacher aussi à leurs prétentions le ridicule.

On dit que l'Angleterre, par son droit coutumier, proscrit les substitutions perpétuelles : du moins celles qu'elle permet (car elle n'en est pas tout-à-fait délivrée) y sont-elles à un terme moins reculé que dans aucune autre des monarchies de l'Europe. En Ecosse, plus d'un cinquième, peut-être même plus d'un tiers des terres, est asservi à la substitution la plus rigoureuse.

C'est ainsi que des terres sans culture et d'une vaste étendue devinrent le patrimoine de quelques familles à qui même il ne fut plus permis de les en détacher, tant les précautions qu'on avoit prises en avoient rendu le démembrement impossible : aussi combien l'agriculture eut - elle à s'en plaindre ? Rarement un grand propriétaire donne à ses domaines une grande amélioration. Dans ces jours de confusion qui virent naître toutes ces institutions barbares, un seigneur étoit assez occupé à défendre son territoire, ainsi qu'à étendre sa jurisdiction et son autorité sur la propriété de ses voisins. Comment pouvoit-il avoir le loisir de cultiver et d'améliorer la sienne ? et lorsque le rétablissement de l'ordre sous l'empire de la loi vint lui donner ce loisir, ne dut-il pas arriver souvent qu'il ne trouva en lui-même ni volonté suffisante, ni capacité nécessaire? Si tout ce qu'il dépensoit dans sa maison et pour sa personne, ce qui dut arriver souvent, égaloit ou même excédoit son revenu, quels fonds avoit-il à placer dans la culture? S'il étoit assez prudent pour économiser, il voyoit ordinairement un grand avantage à placer ses économies moins en améliorations de son ancien patrimoine qu'en acquisitions nouvelles. Il faut à l'agriculteur, comme au négociant, qui veut améliorer sa fortune, il faut une attention suivie à de petites épargnes, à des gains modiques, dont un homme né dans la richesse, fût-il même naturellement économe, se trouve rarement susceptible. L'heureuse situation dont il jouit, cette habitude de l'abondance, le dispose naturellement à rechercher un ornement qui plaît à son imagination, plutôt qu'un profit qui n'est pas un besoin pour lui. Il ne s'inquiète que de l'élégance de ses habits, de son équipage, de sa maison et de

ses meubles ; et ce goût de dépense et d'ap-
dareil, qui a donné, pour ainsi dire, la forme
à son imagination, le poursuit encore lors
même qu'il projette d'améliorer ses domaines. Peut-être embellira-t-il quatre ou cinq
cens acres dans le voisinage de sa demeure,
en dépensant dix fois plus que la terre ne
vaudra après tous ces embellissemens ; et
alors il trouvera que s'il vouloit, de cette manière, la seule qui flatte son goût, améliorer
toutes ses autres possessions, il seroit forcé
à se déclarer banqueroutier, même avant
d'avoir achevé la dixième partie de ses améliorations. Il est en Angleterre et en Ecosse
quelques grandes terres qui, depuis l'anar-
chie féodale, sont restées constamment dans
la main des mêmes familles. Comparez ces
grandes possessions avec les petites propriétés du voisinage, et à l'aspect négligé des
premières, comme à l'aspect florissant des
secondes, vous serez convaincu, sans avoir
besoin d'aucun autre raisonnement, combien des propriétés aussi étendues sont dé-
favorables à la culture.

S'il n'étoit pas raisonnable d'attendre de
grandes améliorations de la part de ces grands
propriétaires, on devoit en attendre bien
moins encore de la classe malheureuse qui
cultivoit

cultivoit pour eux la terre. Tout cultivateur
en Europe, au tems de la féodalité, n'étoit
qu'un tenancier amovible à la volonté du
seigneur ; ce n'étoit même souvent qu'un
esclave : à la vérité, l'esclavage féodal fut
plus doux que celui de Rome ou de la Grèce,
et même que celui des colonies européennes aux Indes occidentales. En Europe le serf
appartenoit plus à la terre qu'à son maître ;
on ne pouvoit jamais le vendre séparément
de la terre, quoiqu'on pût le vendre avec la
terre. Il avoit besoin pour se marier du consentement de son maître ; mais le maître ne
pouvoit ensuite dissoudre le mariage, en vendant le mari et la femme à différentes personnes. Tout maître qui estropioit, ou tuoit
un serf, payoit une amende en général fort
légère. Cependant l'homme ainsi attaché à
la glèbe étoit inhabile à acquérir aucune
propriété : tout ce qu'il gagnoit appartenoit
au maître qui pouvoit s'en emparer à son gré.
Aussi tous les frais de la culture que cette espèce d'esclaves donnoit à la terre étoient-ils
à la charge du propriétaire : semences, bestiaux, instrumens aratoires, celui-ci payoit
toutes les dépenses, comme il recueilloit
tous les bénéfices ; seulement il fournissoit
à l'entretien journalier de l'esclave. C'étoit

donc en effet le propriétaire lui-même qui faisoit valoir ses possessions en les cultivant par d'autres mains. En Russie, en Pologne, en Hongrie, en Bohême, en Moravie et dans quelques autres parties de l'Allemagne, on retrouve encore cette sorte d'esclavage : ce n'est qu'à l'occident et vers le midi de l'Europe, qu'un meilleur ordre des choses en a fait entièrement disparoître la flétrissure.

Cependant s'il est impossible d'attendre des grands propriétaires les améliorations qui perfectionnent l'agriculture, n'est-on pas assuré qu'ils en donneront bien moins encore en n'employant que des esclaves pour cultivateurs ? Il est démontré, je crois, par l'expérience de tous les siècles et de toutes les nations, que l'ouvrage des esclaves, quoiqu'il ne coûte en apparence que les frais de leur nourriture, est le plus cher de tous en dernière analyse. L'homme qui ne peut acquérir de propriété n'aura jamais d'autre intérêt que de manger le plus et de travailler le moins possible : la force peut obtenir de lui sans doute plus d'ouvrage qu'il n'en faut pour couvrir les frais de son entretien ; mais cet excédent ne sera jamais le fruit d'aucun autre intérêt qui lui soit personnel. Combien dans l'ancienne Italie dégénéra la culture !

Combien peu avantageuse elle devint pour les maîtres, quand elle fut abandonnée aux mains des esclaves! Pline et Columelle nous l'attestent. Dans l'ancienne Grèce, au siècle d'Aristote, elle n'eut pas des succès plus heureux. Platon, en rédigeant les loix qu'il donne à sa république idéale, assure que pour nourrir cinq mille hommes oisifs (c'est le nombre des guerriers qu'il suppose nécessaires à la défense commune), ainsi que pour alimenter leurs femmes et leurs serviteurs, il faudroit un territoire d'une étendue et d'une fertilité sans bornes, comme les plaines de Babylone.

Rien ne plaît tant à l'orgueil de l'homme que le droit de commander, comme rien ne le mortifie davantage que la nécessité de descendre jusqu'à ses inférieurs, pour les persuader. Aussi toutes les fois qu'il aura pour lui l'autorité de la loi, et que la nature de l'ouvrage lui permettra de choisir entre ces deux moyens, l'homme préférera-t-il le service des esclaves à celui des ouvriers libres. Les plantations en tabac et en cannes à sucre peuvent donner assez pour fournir à la dépense des esclaves qu'on emploie à les cultiver; mais le blé n'y suffiroit pas aujourd'hui. Dans les colonies angloises, dont le blé fait la prin-

cipale des productions, c'est par des hommes libres que se fait la plus grande partie
de l'ouvrage. La résolution prise dernièrement par les Quakers de rendre la liberté
à tous leurs Nègres esclaves prouve que
ceux - ci étoient en petit nombre dans la
Pensilvanie. Jamais une semblable résolution
n'eût été consentie, si les Nègres eussent
fait dans cette province une portion considérable de chaque propriété. Ces malheureux au contraire font tout dans nos colonies à sucre, et presque tout dans nos colonies à tabac; aux Indes occidentales, quelques plantations de cannes à sucre nous donnent un bénéfice en général très supérieur
à ceux de toute autre culture connue, soit
en Amérique, soit en Europe; et les plantations à tabac, quoique inférieures en profit à celles à sucre, ainsi que je viens de
l'observer, sont plus avantageuses que la culture du blé. Le tabac et le sucre fournissent
donc à la valeur des esclaves; mais le sucre
y fournit bien mieux que le tabac. Aussi
pour la culture de l'un, comparée à la culture de l'autre, trouve-t-on dans nos colonies le nombre proportionnel des noirs supérieur à celui des blancs.

Aux cultivateurs esclaves d'autrefois, on

a vu succéder par degrés une espèce de fermiers qu'on connoît aujourd'hui en France
sous le nom de MÉTAYERS; les Romains
les appelloient COLONI PARTIARII, c'est-
à-dire COLONS PARTAGEANS. Il y a si long-
tems qu'on n'en trouve plus en Angleterre,
qu'aujourd'hui je ne leur connois pas de
nom dans la langue angloise. Ils reçoivent
du propriétaire les semences, le bétail, les
instrumens, en un mot tout le fonds nécessaire pour l'exploitation de la ferme; le produit total se distribue en deux portions égales, l'une pour le maître et l'autre pour le
fermier; mais ce n'est qu'après avoir prélevé
sur la totalité tout ce qu'on estime nécessaire à l'entretien du fonds capital, lequel
revient toujours au maître, quand le fermier
ou se retire ou est renvoyé.

Une terre cultivée par un fermier de cette
classe ne l'est pas moins aux frais du propriétaire, que celle dont la culture est con-
fiée aux mains des esclaves; cependant il
est entre ces deux sortes de cultivateurs une
différence essentielle; le métayer est un homme libre qui, en possession du droit d'acquérir une propriété, et jouissant d'une portion du produit, est intéressé réellement à
augmenter ce produit pour rendre sa portion

meilleure. L'esclave, au contraire, ne pos-
sédant rien, et ne pouvant rien acquérir
au-delà de sa subsistance, trouve son bien-
être à ne faire produire à la terre que le moins
possible au-delà de cette subsistance. La plus
grande partie des États de l'Europe a reconnu les avantages que l'une de ces deux sortes de cultivateurs avoit sur l'autre ; et sans
doute que ce motif contribua à l'abolition de
la servitude autant que les usurpations (1)
graduelles des vassaux sur l'autorité des
grands seigneurs : usurpations que les rois
jaloux de toute puissance rivale de la leur
se firent une politique d'encourager d'an-

---

(1) Peut-être aura-t-on peine à reconnoître dans ce mot
l'esprit philosophique et l'expression toujours juste de M.
Smith. L'homme que le droit du plus fort avoit fait vassal, n'a rien usurpé quand il a pu se ressaisir de l'indépendance. Il dépossède qui l'avoit dépouillé ; avec cette différence que l'un fut injuste, et que lui ne l'est pas. Je demande
pardon à un grand homme d'oser dénoncer à la justice naturelle un mot qui lui est échappé par inadvertence : mais dans
ce moment où je me fais une gloire d'offrir en présent à ma
nation un ouvrage qui doit l'éclairer et la conduire dans
l'œuvre de sa régénération, il est d'un devoir rigoureux
pour tout écrivain patriote de surveiller et d'arrêter comme
au passage tout mot favorable à des prétentions qui seroient
risibles, si elles n'étoient pas injustes. *Note du traducteur, ce
11 Juillet* 1789.

née en année. Cependant le tems où commença, et la manière dont se fit cette importante révolution, sont un des points les plus obscurs de l'histoire moderne. L'église de Rome s'en attribue la gloire et le mérite. Elle appuie ses prétentions sur une bulle qu'Alexandre III publia en effet dans le douzième siècle, en faveur de l'émancipation générale des esclaves. Mais cette bulle fut plutôt une pieuse exhortation adressée aux fidèles, qu'une loi impérative et obligatoire. L'esclavage continua presque par-tout plusieurs siècles encore, jusqu'au moment où il fut progressivement aboli par l'action réunie des deux grands intérêts dont j'ai parlé, celui du propriétaire d'un côté, et celui du souverain de l'autre. Le serf, à qui son seigneur qui venoit de l'affranchir laissoit encore la terre à cultiver, ne pouvoit le faire qu'avec les fonds que lui avançoit le propriétaire : il devenoit donc alors ce que les François appellent un métayer.

Cependant l'intérêt de ces nouveaux cultivateurs ne pouvoit jamais être dé convertir en améliorations aucune partie du fonds modique qui leur revenoit après le partage du produit total, parceque le propriétaire qui ne mettoit rien en améliorations auroit eu la moitié du surcroît que la terre auroit donné en retour des avances du fermier. Si l'on a raison de regarder comme un grand obstacle aux progrès de la culture la dixme seigneuriale ou ecclésiastique qui n'est que le dixième du produit des terres, combien une taxe qui en absorboit la moitié devoit-elle être encore bien plus défavorable! Le métayer sans doute trouvoit son intérêt à faire produire à la terre le plus possible, en employant le capital fourni par le propriétaire; mais quel intérêt pouvoit-il avoir d'y associer aucune partie de ses fonds? En France, où cette classe de cultivateurs fait valoir, dit-on, les cinq sixièmes des terres du royaume, les propriétaires se plaignent du métayer qui saisit toutes les occasions d'occuper leur gros bétail plutôt au transport qu'à la culture; et ils s'en plaignent, parceque le produit des transports est tout entier au profit du fermier, au lieu qu'ils auroient leur part dans le produit de la culture. On trouve encore cette classe de cultivateurs dans quelques cantons de l'Ecosse, où on les appelle TENANCIERS DE L'ARBALÊTE. Quant à ceux qu'on voyoit anciennement en Angleterre, et que le chef-baron Gilbert et le docteur Blakstone assurent avoir été baillis plutôt que fermiers des seigneurs, il est assez probable qu'il faut les ranger dans la même classe.

Vinrent ensuite, mais par degrés presque insensibles, les fermiers proprement dits, qui avec des fonds qui leur appartiennent, et à la charge d'une rente convenue et payée au propriétaire, cultivent un terrein qui ne leur appartient pas. Lorsqu'ils en jouissent par un bail de plusieurs années, ils peuvent trouver quelquefois un intérêt à convertir en améliorations une partie de leur propre capital, parcequ'il leur est permis d'en espérer et la rentrée, et de grands bénéfices avant le terme où finira le bail. Cependant la jouissance de ces mêmes fermiers fut long-tems précaire; et elle est telle encore dans quelques parties de l'Europe. Un nouveau propriétaire les dépossédoit légalement de leur bail avant que le terme en fût expiré : ils pouvoient même être évincés en Angleterre par l'action fictive d'un retrait ordinaire. Si la violence du propriétaire les dépouilloit illégalement, l'action qu'ils intentoient n'obtenoit qu'une réparation très incomplète; elle ne parvenoit pas toujours à les remettre en jouissance; et les dédommagemens qu'on leur adjugeoit ne compen-

soient jamais pour eux la réalité de la perte.
En Angleterre même, le pays de l'Europe
où l'on eut toujours le plus d'égards pour
la classe des laboureurs, ce ne fut que vers
la quatorzième année du règne de Henri VII
qu'on imagina l'action de dépossession, par
laquelle un fermier évincé, non seulement
obtient des dommages, mais encore est re-
mis en possession, sans même que son droit
dépende nécessairement de la décision toujours douteuse d'une seule assise. On a vu
dans ce moyen une ressource si puissante,
que, dans la pratique moderne, toutes les
fois qu'un propriétaire plaide pour être mis
en possession de sa terre, rarement fait-il
usage des actions qui lui appartiennent comme propriétaire, telles que le décret de droit
ou l'acte de prise de possession; il préfère
de poursuivre au nom de son fermier, en
intentant l'action de dépossession. Aussi en
Angleterre, la sûreté du fermier est-elle égale
à celle du propriétaire ; d'ailleurs, un bail
à vie, portant quarante schellings de redevance annuelle, y jouit des droits de franc-
fief, et y donne au locataire le droit de
voter dans l'élection d'un membre du parlement; et comme la plupart des laboureurs
y possèdent des francs-fiefs de cette espèce,

tout leur ordre y devient respectable aux
seigneurs mêmes, par l'importance politique attachée au droit de voter. L'Angleterre est, je crois, le seul pays de l'Europe
où des tenanciers osent bâtir sur une terre
qu'ils font valoir même sans bail, parcequ'ils comptent assez sur l'honneur du propriétaire, pour croire qu'on ne se prévaudra
jamais contre eux d'une amélioration aussi
importante. Ce sont ces loix et ces coutumes dont le laboureur a tant à se louer, qui
bien mieux que tous les réglemens si vantés
du commerce, pris ensemble ou séparément, ont contribué peut-être à la grandeur
présente de l'Angleterre.

La loi qui garantit les baux les plus longs
contre les successeurs de toute espèce, est,
autant que je puis le savoir, particulière à
la Grande-Bretagne. En Ecosse, Jacques II
l'introduisit dès l'année 1449; mais l'utile
influence de cette loi, dans ce royaume,
fut traversée par l'effet des substitutions,
attendu qu'elles ne laissent pas en général
aux héritiers d'un bien substitué la liberté de
faire des baux à long terme; souvent même
ce terme ne s'étend pas au-delà d'une année. Un acte du parlement a relâché un peu
dernièrement les entraves à cet égard; mais

elles sont encore trop resserrées. D'ailleurs, en Ecosse les fiefs qu'on tient à bail ne donnent point au fermier le droit de voter dans l'élection d'un membre du parlement; ce qui suffit pour rendre la classe des laboureurs moins respectable aux propriétaires.

Dans quelques autres États de l'Europe, après qu'on eût jugé convenable de garantir les baux contre les héritiers et les nouveaux acquéreurs, on borna trop encore le terme de la garantie. En France, par exemple, ce terme est de neuf années, à commencer du jour énoncé dans le bail. Il est vrai qu'on l'a prolongé depuis peu jusqu'à vingt-sept ans; mais ce terme est encore trop court, pour que le fermier d'une terre ose y tenter les améliorations les plus importantes. Les législateurs de l'Europe entière furent anciennement les propriétaires des biens fonds : aussi calculèrent-ils toutes les loix relatives à la terre sur ce qu'ils croyoient alors favorable à leur intérêt. Appuyés sur ce principe, ils imaginèrent donc qu'un bail passé par leur prédécesseur ne pouvóit les priver de jouir pendant le cours de plusieurs années de la pleine et entière valeur d'une terre. La cupidité et l'injustice ont la vue courte. Elles ne prévirent pas le préjudice qu'alloit faire un pareil réglement à l'amélioration des terres, et combien à la longue il devoit nuire à l'intérêt véritable des propriétaires eux-mêmes.

Dans ces tems anciens on supposoit encore qu'indépendamment de la rente stipulée par le bail, le fermier étoit tenu envers le propriétaire d'un grand nombre de servitudes, qui, rarement spécifiées dans les clauses du bail, ou déterminées par une règle précise, dépendoient de l'usage et des coutumes de la seigneurie ; dès lors, presque toujours arbitraires, ces servitudes étoient pour le fermier autant de vexations. L'Ecosse, en abolissant toutes celles qui ne sont point expressément mentionnées dans les baux, a vu la condition de ses laboureurs s'améliorer sensiblement dans le cours de quelques années.

Les servitudes publiques n'étoient pas moins arbitraires que les servitudes privées. La corvée, qu'on a imaginée pour la confection et l'entretien des grands chemins, et qui par-tout, je crois, subsiste encore aujourd'hui, plus ou moins oppressive, il est vrai, selon la différence des pays, la corvée n'étoit pas la seule servitude publique. Lorsque dans quelque partie d'une province passoient, ou les troupes, ou la maison, ou les officiers du roi, de quelque espèce qu'ils fussent, on obligeoit le laboureur à les fournir de chevaux, de voitures et de vivres à un prix réglé par le pourvoyeur. La Grande-Bretagne est aujourd'hui peut-être la seule monarchie de l'Europe où soit entièrement abolie l'oppression de la pourvoierie : on la retrouve encore plus ou moins conservée en France et en Allemagne.

Les taxes publiques qui grévoient le laboureur étoient aussi irrégulières, aussi oppressives que les servitudes privées. Les anciens seigneurs, quoique peu disposés à accorder des secours pécuniaires à leur souverain, lui permettoient aisément d'imposer ce qu'ils appelloient la taille sur leurs tenanciers ; ils étoient trop peu éclairés pour prévoir combien leur propre revenu devoit à la fin souffrir de cette concession. La taille, telle qu'on la retrouve encore en France, peut ici nous servir d'exemple. On suppose au fermier des profits qu'on estime par les fonds qu'il a dans la ferme, et c'est d'après ces calculs qu'on assied la taille ; il est donc de l'intérêt du fermier de paroître avoir peu de fonds, d'en employer par conséquent le moins pos-

sible à la culture, et de n'en rien destiner à
l'amélioration. S'il arrivoit qu'un fermier
françois parvînt à accumuler dans ses mains
un fonds considérable, la taille seroit pour
lui comme une prohibition de l'employer à
améliorer la terre. Cette taxe d'ailleurs est
dans l'opinion publique une espèce de flétrissure, qui ravale celui qui la paye au-
dessous non seulement du gentilhomme,
mais encore du simple bourgeois. Ajoutez
que quiconque prend à bail les terres d'un
autre est soumis à cette taxe; et que dès lors
aucun gentilhomme, aucun bourgeois, quelque riche fonds qu'il possède, ne se détermine à cette dégradation; d'où il est aisé
de conclure que la taille, non seulement empêche de destiner à l'amélioration de la
terre les fonds que les profits de la culture ont
grossis, mais qu'elle en détourne encore tous
les autres fonds. Les dixmes et les quinzièmes
anciennement connus en Angleterre, considérés comme des impôts qui frappoient la
terre, étoient des taxes de même nature
que la taille.

Comment, au milieu de tous ces divers
découragemens, pouvoit-on espérer que
ceux qui cultivoient la terre s'appliqueroient
à l'améliorer? Même avec la liberté et la sé-

curité que la loi peut leur donner, cette
classe de citoyens trouvera toujours de grands
désavantages à combattre, avant d'arriver à
une situation florissante. Comparez un fermier à son propriétaire ; vous verrez dans
celui-là un marchand qui commerce avec
de l'argent emprunté ; et dans celui - ci
un marchand qui commerce avec ses propres deniers. Le fonds de l'un et de l'autre
est susceptible d'accroissement ; mais en supposant à ces deux individus une conduite
également sage, le fonds du premier grossira plus lentement que celui du second,
parcequ'il faut donner à l'intérêt de l'argent
emprunté une partie considérable du bénéfice. La terre cultivée par le fermier avec autant de sagesse et d'intelligence que par le
propriétaire sera donc plus lentement améliorée par l'un que par l'autre, attendu qu'il
faut donner à la rente de la terre une portion considérable du bénéfice, tandis que
si le fermier étoit propriétaire, cette portion serviroit à de nouvelles améliorations ;
la condition du fermier est d'ailleurs par la
nature des choses inférieure à la condition
du propriétaire. Dans la plus grande partie
de l'Europe, l'opinion range les laboureurs
au - dessous de la première classe des marchands .

chands et des artisans ; et par-tout infini-
ment au-dessous des négocians et des entrepreneurs de manufactures : aussi doit-il
arriver rarement que le possesseur d'un
capital considérable quitte la classe supérieure pour adopter la classe inférieure.
Par conséquent, tant que subsistera l'état
actuel de l'Europe, il ne faut guère s'attendre à voir des fonds sortir des autres professions pour entrer dans l'agriculture par le
moyen du fermage. Sans doute en sortira-t-il
davantage dans la Grande-Bretagne que par-
tout ailleurs, quoique les fonds considérables que certains cantons placent dans l'a-
griculture aient été généralement acquis par
la voie même du fermage; la plus longue
peut-être de toutes les voies qui puissent
mener à en acquérir. Cependant après les
grands propriétaires, les riches fermiers
sont dans tous les pays les principaux amé-
liorateurs : de toutes les monarchies de l'Europe, l'Angleterre est peut-être celle qui
en offre un plus grand nombre. On assure
que dans les gouvernemens républicains,
les terres de la Hollande et de l'Etat de Berne en Suisse donnent à l'agriculture des fermiers qui ne sont pas inférieurs à ceux de
l'Angleterre.

Tome II.   R

Enfin, l'ancienne politique de l'Europe combattoit les progrès de la culture et de l'amélioration au préjudice des propriétaires à la fois et des fermiers, premièrement par la défense d'exporter les grains sans une permission expresse, défense qui paroît avoir été assez générale; secondement, par les obstacles qu'elle mettoit au commerce intérieur non seulement des grains, mais de presque tous les autres produits des fermes, ainsi que par une multitude de loix absurdes, portées d'une part contre les monopoleurs, les regratiers, les accapareurs, et de l'autre en faveur des foires et des marchés qu'elle privilégioit. Nous avons vu déja de quelle manière la défense d'exporter le blé national, et l'encouragement donné à l'importation des grains étrangers, furent nuisibles à l'agriculture dans l'ancienne Italie, la contrée de l'Europe naturellement la plus fertile, et le siège alors du plus grand empire du monde. Il n'est peut-être pas aisé d'imaginer combien cette police réglementaire, avec toutes ses prohibitions et ses entraves, a dû décourager la culture dans des contrées moins fertiles, et soumises à des circonstances moins favorables.

CHAPITRE III.

De la naissance et du progrès des bourgs et des villes, après la chûte de l'empire romain.

Après la chûte de l'empire romain, le sort des habitans de la ville ne fut pas plus heureux que le sort de l'habitant des campagnes. Ce n'étoit plus, il est vrai, cette classe de citoyens dont s'étoient formées les anciennes républiques de la Grèce et de l'Italie. Ces derniers, propriétaires du territoire public qu'ils s'étoient originairement partagé entre eux, avoient jugé convenable de bâtir leurs demeures dans le voisinage les unes des autres, et de les environner d'une enceinte de murailles pour la défense commune. Il paroît au contraire qu'après la ruine de l'empire d'Occident, les propriétaires retirés dans leurs domaines, au milieu de leurs fermiers et de leurs vassaux, n'habitèrent communément que des châteaux fortifiés. Le séjour des villes fut abandonné aux marchands et aux hommes de métier, qui tous, à ce qu'il semble, étoient d'une condition servile ou presque servile. Les privilèges accordés par d'anciennes chartres à quelques unes des premières villes de l'Europe nous font assez connoître quel étoit le sort des citadins avant ces concessions. Des hommes auxquels on accorde, comme un privilège, qu'ils pourront marier leurs filles sans le consentement du seigneur, que les enfans, et non le seigneur, hériteront de leur père, que chacun aura la faculté de disposer de ses biens par testament ; ces hommes, dis-je, étoient réduits sans doute, avant l'époque de ces concessions, à l'état ou presque au même état d'avilissement et de servitude qui pesoit sur les habitans de la campagne.

Il semble en effet que les citadins formoient une classe indigente et chétive d'hommes qui, chargés de marchandises, passoient de place en place, de foire en foire, tels à-peu-près qu'on voit aujourd'hui les petits merciers, ou porte-balles. On levoit alors dans toute l'Europe, comme on lève encore aujourd'hui dans plusieurs gouvernemens de la Tartarie asiatique, des taxes sur la personne et sur les biens du voyageur, toutes les fois qu'il traversoit certains territoires, qu'il passoit sur un pont, et que dans une foire il changeoit de place, et montoit une échoppe ou une loge pour son foible commerce. Ces différentes taxes étoient connues en Angleterre sous le nom de droits de péage, de pont, de peson, d'établage. Le roi quelquefois, et quelquefois aussi un grand seigneur, qui dans certaines circonstances en avoit le pouvoir, accordoient à des marchands particuliers, à ceux sur-tout qui vivoient dans leurs domaines, l'exemption générale de ces droits. Cette sorte d'hommes portoit le nom de marchands libres, ou francs, quoiqu'à d'autres égards il fussent d'une condition servile, ou presque servile.

En retour de cette exemption, ils payoient ordinairement à leur protecteur une espèce de capitation annuelle. Ce n'étoit jamais que pour une grave et importante considération qu'ils étoient déclarés exempts ; et peut-être qu'alors la capitation à laquelle on les soumettoit n'étoit regardée que comme une compensation des autres taxes dont on leur faisoit la remise. Il est vraisemblable que l'exemption et la capitation furent d'abord personnelles, c'est-à-dire qu'elles ne

s'attachèrent qu'à quelques individus particuliers, soit durant leur vie, soit à la volonté du protecteur. Dans les tableaux qu'on
a publiés en Angleterre d'après les cadastres
de différentes villes, il est souvent parlé tantôt de la taxe que les bourgeois payoient
au roi ou à quelque grand seigneur, tantôt
du seul montant général de toutes ces taxes (1).

Cependant à quelques degrés de servitude
que les habitans des villes aient été rava-
lés originairement, il n'en est pas moins
évident qu'ils remontèrent les premiers à la
liberté et à l'indépendance beaucoup plus
vîte que l'habitant des campagnes. La perception du revenu que les villes donnoient au
roi en capitation étoit ordinairement affer-
mée pendant un certain nombre d'années,
moyennant une rente convenue et payable
quelquefois aux shérifs, quelquefois à d'autres personnes. Souvent même la communauté entière des bourgeois se chargeoit du
bail, en sorte que tous ensemble, et chacun
séparément, se rendoient garans et responsa-

____

(1) Voyez le TRAITÉ HISTORIQUE DES CITÉS ET DES VILLES
par Brady, p. 3, etc.

bles du paiement de la rente (1). Cette manière d'affermer le revenu des villes étoit parfaitement conforme à l'usage économique que suivoient presque tous les souverains de l'Europe, de donner à bail leurs domaines aux vassaux qui les habitoient, et qui tous étoient solidaires l'un pour l'autre de la rente stipulée. Il leur étoit permis à la vérité d'une part de la percevoir comme ils le jugeoient à propos, et de l'autre de la payer à l'échiquier du roi par les mains de leur bailli. Ils se mettoient ainsi à couvert de l'insolence des officiers du roi, avantage précieux, qu'on regardoit alors comme de la plus grande importance.

D'abord on donna probablement la ferme de la ville au corps des bourgeois pour un certain nombre d'années, comme on l'avoit donnée précédemment à d'autres personnes; mais par la suite on la céda assez généralement pour toujours, moyennant une rente dont le taux fut irrévocablement arrêté, sans pouvoir de part et d'autre l'augmenter ou le diminuer. La perpétuité du

---

(1) Voyez Firma Burgi, p. 18; et l'Histoire de l'échiquier, chapitre X, sect. V, p. 223, première édition.

paiement entraîna nécessairement la perpétuité des exemptions pour lesquelles on le
donnoit. Ces exemptions cessèrent donc
d'être personnelles, et il ne fut plus possible
de les considérer comme attachées à quelques individus privilégiés, mais comme propres à tout le corps des bourgeois d'un lieu
particulier, qui dès lors fut appellé bourg-
franc, par la même raison qu'on avoit
nommé les individus exempts francs - bourgeois, ou francs - marchands.

En même tems qu'ils obtinrent cette concession, les bourgeois reçurent l'important
privilège de marier leurs filles indépendamment de la volonté du seigneur, de laisser
leurs biens en héritage à leurs enfans, et
même de tester en faveur de qui il leur plai-
roit. J'ignore si la cession de ce privilège
est aussi ancienne que la liberté du commerce accordée aux bourgeois particuliers
comme individus ; je regarde cependant
comme probable que l'un et l'autre remon-
tent à la même date, mais je ne puis en
donner aucune certitude. Quoi qu'il en soit,
les bourgeois une fois délivrés des principales entraves qui flétrissoient le VILLAIN
et le SERF, devinrent néanmoins librés, dans
le sens que nous attachons aujourd'hui au
mot de liberté.

Ils obtinrent plus encore. Presque par-tout, et dans le même tems, ils furent érigés en communauté ou corporation, avec le privilège d'avoir des magistrats et un conseil de ville à eux, de dresser des statuts qui les gouverneroient, de s'entourer d'une enceinte de murailles qui les défendroient, de se ranger tous sous une sorte de discipline militaire, qui les obligeroit à veiller et à faire le guet, c'est-à-dire, comme on le concevoit alors, à garder et à défendre leurs murailles contre les surprises de la nuit et les attaques du jour. En Angleterre, ils jouissoient presque par-tout du privilège de ne pouvoir être traduits devant les tribunaux du canton ou du comté; en sorte que tous les procès qui s'élevoient au milieu d'eux, excepté lorsqu'il s'agissoit des intérêts et des droits de la couronne, ne pouvoient être jugés que par les magistrats de la commune. Dans d'autres pays ils obtinrent une jurisdiction plus considérable et plus etendue (1).

Il fut nécessaire sans doute d'accorder aux

____

(1) Voyez Madox, FIRMA BURGI. Voyez aussi Pfeffel, dans les événemens remarquables sous Frédéric II et ses successeurs de la maison de Souabe.

villes qui avoient pris à ferme la perception
des taxes qu'elles payoient, une sorte de jurisdiction coactive, pour contraindre leurs
propres citoyens à payer chacun son impo-
sition. Au milieu de tous les désordres qui
désoloient alors la société, il eût été trop
incommode d'aller demander justice à un
autre tribunal; mais il n'en paroît pas moins
extraordinaire que presque tous les souverains de l'Europe aient consenti à céder pour
une rente fixe et déterminée pour jamais la
branche de leur revenu la plus susceptible
peut-être de se développer et de s'étendre
par le cours naturel des choses, sans qu'il
fût nécessaire pour la faire prospérer, ni de
plus de frais, ni de plus de soin; et qu'ils
aient en outre érigé volontairement une
sorte de république indépendante dans le
cœur même de leurs propres domaines.

Pour concevoir cette conduite des souverains, il faut se rappeller qu'il n'y en avoit
peut-être pas un seul alors en Europe qui
fût en état de protéger, dans toute l'étendue de ses domaines, la partie foible de ses
sujets contre la tyrannie des grands feuda-
daires. Les individus que la loi ne pouvoit
protéger, et qui n'avoient pas assez de force
pour se défendre eux-mêmes, étoient con-

traints, ou d'avoir recours à la puissance d'un grand seigneur, et quelquefois même, pour l'obtenir, de s'en déclarer les serfs et les vassaux, ou bien d'entrer dans une ligue de défense mutuelle pour le salut commun. Chaque individu, habitant d'un bourg ou d'une ville, étoit sans pouvoir pour se défendre; mais tous à la fois réunis en corps et associés avec leurs voisins pour l'intérêt commun, formoient une ligue en état d'opposer une bonne résistance. Les seigneurs méprisoient les bourgeois, en qui ils voyoient non seulement des hommes d'un ordre très inférieur, mais encore des esclaves émancipés d'une nature différente : envieux et même indignés de la richesse des bourgeois, ils ne laissoient échapper aucune occasion de les piller sans merci et sans remords. Les bourgeois de leur côté haïssoient naturellement et craignoient les seigneurs, que le roi haïssoit et craignoit de même : celui-ci méprisoit peut-être les bourgeois; mais il n'avoit aucun motif de les haïr ou de les craindre. Un intérêt mutuel invitoit les bourgeois à soutenir le roi, et le roi à soutenir les bourgeois contre les seigneurs : ils avoient les mêmes ennemis à combattre, et il étoit également important pour eux d'arriver l'un à l'autorité, les autres à l'indépendance. En accordant aux bourgeois des magistrats municipaux, ainsi que le privilège de dresser des statuts pour se gouverner, de bâtir des murailles pour se défendre, et de se former des compagnies soumises à une discipline militaire, le souverain donnoit tous les moyens de sécurité et d'indépendance qui étoient en son pouvoir, pour réprimer la tyrannie des barons. Sans la création de cette espèce de gouvernement régulier, sans une autorité quelconque qui pût faire agir les bourgeois d'après un plan ou un système convenu, aucune ligue volontaire n'eût jamais pu donner aux bourgeois une sécurité stable, ni les mettre en état d'offrir un appui solide au roi. Au lieu qu'en leur cédant à perpétuité, pour une rente fixée, la ferme des taxes qu'il levoit sur eux, il ôtoit à ceux qu'il vouloit avoir pour amis, et, s'il est permis de le dire, pour alliés, tout sujet de jalousie et de soupçon. Ceux-ci ne craignoient plus que le roi dût un jour les opprimer, soit en levant lui-même les taxes sur la ville, soit en les cédant à d'autres fermiers.

Les princes qui témoignèrent le plus d'inimitié contre les barons, furent ceux en effet qui se montrèrent les plus prodigues de con-

cessions envers les bourgeois. Le roi Jean
d'Angleterre, par exemple, semble avoir
été le bienfaiteur le plus libéral des villes (1).
Philippe I de France perdit toute autorité
sur ses barons. Vers la fin de son règne,
son fils Louis, connu depuis sous le nom
de Louis - le - Gros, consulta, selon le père
Daniel, les évêques des domaines royaux,
sur les moyens les plus propres à réprimer
et à contenir la violence des grands seigneurs.
Daniel assure qu'ils en présentèrent deux :
l'un fut de créer un nouvel ordre de jurisdiction, en donnant des magistrats et un
conseil particulier à chaque ville considérable de ses domaines ; l'autre, de former une
nouvelle milice, qu'il appelloit et faisoit
marcher à son secours dans toutes les occasions, sous le commandement de ces mêmes
magistrats. Telle est, suivant les érudits ver-
sés dans les antiquités de la France, l'époque à laquelle remonte l'institution des mu-
nicipalités en France. Quant à l'Allemagne,
ce fut pendant les règnes malheureux des
princes de la maison de Souabe que la plupart
des villes franches entrèrent en possession de

____

(1) Voyez Madox.

leurs privilèges, et que la fameuse ligue anséatique commença à se rendre formidable (1).

Il ne paroît pas que la milice des villes ait été inférieure à la milice des campagnes : d'ailleurs, pouvant au premier signal du danger se rallier plus vîte sous leur bannière, les bourgeois durent avoir souvent dans les combats l'avantage sur les seigneurs voisins. Dans l'Italie et la Suisse, qui, placées à une trop grande distance du siège du gouvernement, et fortes de leur assiette naturelle, enlevèrent au souverain toute son autorité, les villes se formèrent généralement en républiques indépendantes. Victorieuses de toute la noblesse de leur voisinage, après l'avoir réduite à la nécessité d'abattre ses châteaux, elles la forcèrent de vivre paisiblement au milieu de la cité comme le reste des habitans. Telle est l'histoire abrégée de la république de Berne et de beaucoup d'autres villes de la Suisse; telle est, si vous en exceptez Venise, dont le gouvernement a eu une origine un peu différente, telle est encore l'histoire de toutes les républiques considérables de l'Italie, qui s'élevèrent et péri-

____

(1) Voyez Pfeffel.

rent en si grand nombre entre la fin du douzième et le commencement du seizième siècles.

Dans les pays tels que la France et l'Angleterre, où l'autorité du prince, quoique
souvent affoiblie, ne fut jamais anéantie,
les villes ne trouvèrent pas l'occasion de se
rendre tout-à-fait indépendantes; cependant
elles parvinrent à se donner une existence si
importante, que le gouvernement ne put jamais, sans leur aveu, leur imposer aucune
taxe, après celle de la rente qu'elles tenoient
à ferme du souverain, et qui une fois pour
toutes avoit été arrêtée entre elles et lui. On
les invitoit donc à envoyer des députés à
l'assemblée générale des états, et à s'y join-
dre au clergé et aux barons, pour accorder au roi, dans les nécessités urgentes, des
subsides extraordinaires. Comme elles se
montroient en général plus favorables à la
royauté, la couronne s'en servit plus d'une
fois pour contre-balancer l'influence de la
noblesse dans ces grandes assemblées. De
là l'origine des représentans des bourgs aux
états - généraux de toutes les monarchies de
l'Europe.

C'est ainsi que dans le tems même où
l'homme qui habitoit et cultivoit les campa-

gnes étoit en proie à la violence et aux rapines, on vit le bon ordre, que suivent la
liberté et la sécurité, s'établir et se fixer dans
l'enceinte des villes; mais les cultivateurs,
ainsi opprimés et dépourvus de toute défense, devoient se contenter naturellement
du simple nécessaire, parcequ'en acquérant
au-delà, ils ne faisoient que tenter l'avare injustice de leurs oppresseurs. Donnez-leur au
contraire l'assurance qu'ils jouiront des fruits
de leur propre industrie, et vous les verrez,
attentifs à rendre leur condition meilleure,
s'appliquer non seulement à acquérir les choses nécessaires à la vie, mais encore à se donner les objets d'aisance et d'agrément. Aussi
ce genre d'industrie qui vise à quelque chose
de plus que la subsistance nécessaire se mon-
tra-t-il dans les villes long-tems avant l'époque où il s'introduisit parmi les habitans de
la campagne. Si dans les mains d'un pauvre cultivateur opprimé par la servitude
s'accumuloit un fonds modique, il étoit naturel que le malheureux le dérobât soigneusement à la cupidité du seigneur, qui s'en
seroit saisi s'il l'eût connu, et qu'à la première occasion il se refugiât dans une ville.
La loi étoit alors si indulgente envers les
citadins; elle souhaitoit si fort d'affoiblir
l'autorité

l'autorité dont les seigneurs opprimoient l'homme des campagnes, que si le déserteur pouvoit, l'espace d'une année, se soustraire aux poursuites de son maître, il devenoit libre pour toujours. Ainsi, tout ce que les mains industrieuses du cultivateur accumulèrent de fonds, passa naturellement dans les villes, comme dans le seul asyle sacré qui pouvoit l'assurer à quiconque l'avoit acquis par son travail.

Les habitans de la ville tirent toujours, il est vrai, en dernière analyse, leur subsistance de la campagne, ainsi que toutes les matières et tous les moyens de leur industrie. Mais une cité, placée près des côtes de la mer ou sur les bords d'une rivière navigable, n'est pas toujours réduite à la nécessité de tout recevoir des campagnes qu'elle a dans son voisinage: un champ beaucoup plus vaste fournit à ses besoins. Les extrémités mêmes du monde deviennent ses tributaires, soit par l'échange direct du produit manufacturé de sa propre industrie contre leurs productions territoriales, soit par le commerce de transport entre ces pays éloignés, dont les produits respectifs se donnent les uns pour les autres. Il seroit donc possible qu'une ville parvînt à l'état le plus florissant de richesse et de splendeur, tandis que le pays voisin, et ceux même qui commercent avec elle, végéteroient dans la pauvreté et la misère. Peut-être que, pris séparément, chacun de ces pays ne lui fourniroit qu'une foible portion de sa subsistance ou de son industrie; mais tous ensemble satisferoient amplement à tout. Sans doute dans les siècles dont nous parlons le commerce étoit borné à un cercle étroit; et cependant plusieurs contrées de la terre se signalèrent alors par leur opulence et leur industrie. Tels furent, et l'empire grec aussi long-tems qu'il subsista, et l'empire des Sarrasins, sous le règne des Abbassides; telles furent aussi en Egypte, jusqu'au moment où les Turcs en firent la conquête, une partie des côtes de la Barbarie, et, en Espagne, toutes les provinces que les Maures y avoient usurpées.

Il me semble que les villes de l'Italie furent en Europe les premières qui parvinrent par le commerce à un haut degré d'opulence. L'Italie se trouva, dans les siècles barbares, placée au centre du monde qui étoit le moins éloigné de la civilisation. D'ailleurs, quoique les croisades, en faisant éprouver à l'Europe une perte considérable et d'hommes et de fonds, aient nécessairement retardé les progrès de la richesse et de l'opulence , néanmoins elles furent très favorables à la prospérité de quelques villes d'Italie. Les grandes armées que l'Europe envoyoit de toutes parts à la conquête de la Terre-Sainte , donnèrent un grand encouragement à la marine de Venise , de Gênes et de Pise , qui toujours fournissoient des vivres , et souvent accordoient des vaisseaux de transport. Ces villes étoient , pour ainsi dire , les commissionnaires des croisades ; en sorte que la frénésie la plus désastreuse qui ait jamais égaré les nations de l'Europe fut pour ces républiques la cause et le ressort de leur opulence.

En important ainsi l'ouvrage des manufactures les plus parfaites et le luxe dispendieux des pays les plus riches , les habitans des villes commerçantes offrirent un aliment à la vanité des grands propriétaires qui s'empressoient de l'acheter, en donnant, en échange des superfluités manufacturées de l'Asie, une grande quantité du produit brut des terres de l'Europe. Aussi le commerce d'une grande partie des Européens se réduisoit-il presque tout entier à l'échange de leur produit brut , contre le produit manufacturé des nations civilisées. Pour les vins de France et les fines étoffes de

Flandre, l'Angleterre donnoit ses laines; de même qu'aujourd'hui la Pologne donne ses blés pour les vins et l'eau-de-vie des François, et pour les soies et les velours de France et d'Italie.

Le commerce étranger introduisit donc le goût pour les ouvrages des manufactures les plus parfaites dans les contrées où n'existoit pas ce genre d'industrie. Mais lorsque ce même goût se fut répandu, au point que la foule des demandeurs se multiplia de tous côtés, alors les marchands, pour s'épargner les frais de transport, essayèrent naturellement à introduire dans leurs pays quelques manufactures de la même espèce. De là l'origine des premières manufactures, qui, après la chûte de l'empire romain, paroissent s'être établies dans les provinces occidentales de l'Europe, pour vendre au loin l'ouvrage de leur industrie.

Observons que jamais il n'exista, et qu'il ne peut exister jamais de grande nation qui n'ait au milieu d'elle quelque grande manufacture destinée à fournir aux demandes de l'étranger; et que toutes les fois qu'on assure d'un pays qu'il en est dépourvu, ces expressions ne doivent s'entendre que des ouvrages finis et parfaits, auxquels leur beauté seule mérite de passer dans les ventes les plus éloignées. La majeure partie d'un peuple répandu sur la surface d'un pays considérable ne doit qu'à sa propre industrie ses habits et ses meubles. C'est même ce qu'on voit plutôt dans les contrées pauvres, où, dit-on, manquent les manufactures, que dans les contrées riches où elles sont multipliées. Là, plutôt qu'ici, vous trouverez généralement les productions étrangères admises dans les habits et les meubles des dernières classes de la société.

Les manufactures, dont l'ouvrage passe dans les marchés éloignés, me paroissent s'être introduites en divers pays de deux manières différentes.

Quelquefois on les voit s'établir, comme je viens de le raconter, par l'opération violente, pour ainsi dire, des fonds de quelques négocians et entrepreneurs particuliers, qui cherchent à reproduire dans leur pays quelqu'une des branches de l'industrie étrangère. Ces établissemens sont donc les enfans du commerce étranger ; et telles paroissent avoir été en effet les anciennes manufactures de soieries, de velours, de brocards, qu'on vit, pendant le cours du treizième siècle, se former à Lucques. Elles en furent bannies ensuite par l'un des héros de Machiavel, Castruccio Castracani. Ce tyran, en 1310, chassa de Lucques neuf cens familles, dont trente et une se retirèrent à Venise, où elles offrirent de créer une manufacture de soie (1). Leur offre fut acceptée et même récompensée de quelques privilèges. Alors trois cens ouvriers commencèrent l'établissement. Telles paroissent avoir été encore les manufactures de draps fins qui florissoient autrefois en Flandre, et qui, vers le commencement du règne d'Elisabeth, passèrent en Angleterre. Telles sont enfin celles de soie, qui aujourd'hui même font la richesse de Lyon et de Spiteal-Fields. Des manufactures ainsi introduites travaillent ordinairement des matières étrangères, puisqu'elles ne font qu'imiter l'industrie des étrangers. C'étoit de la Sicile et du Levant qu'arrivoient les soies que la manufacture de Venise commença à façonner. Il en avoit été de même pour celle de Lucques dans les premiers tems de sa création; puisque, avant le seizième siècle, les parties septentrionales de l'Italie se livroient

____

(1) Voyez Sandio, *Istoria civile di Venezia*, vol. 1, p. 247 et 256.

peu à la culture du mûrier et à l'éducation du ver à soie. En France, ce genre d'industrie ne commença qu'avec le règne de Charles IX. Quant aux manufactures de draps fins en Angleterre, elles travaillèrent d'abord les laines de l'Espagne ; aujourd'hui même plus de la moitié des soies que Lyon façonne, y arrive de l'étranger, qui autrefois les lui fournissoit presque entièrement. Il est vraisemblable que l'Angleterre ne produira jamais la soie que Spiteal - Fields emploie. Comme ces entreprises ne sont dues, en général, qu'à des particuliers, elles ont indifféremment pour siège, soit une ville maritime, soit une ville reculée dans l'intérieur des terres. Les seuls spéculateurs en décident selon leur intérêt, leur intelligence, ou même leur caprice.

D'autres fois, les manufactures propres à fournir aux ventes éloignées s'élèvent comme d'elles - mêmes par la perfection graduelle où parviennent les manufactures grossières qui fournissent aux vêtemens et aux meubles des pays pauvres et barbares. Celles - ci façonnent les productions territoriales : aussi est - ce souvent dans l'intérieur des terres, à une certaine distance des côtes de la mer, et quelquefois même de toute rivière navigable, qu'on les voit se perfectionner. L'intérieur d'un pays naturellement fécond et facile à la culture produit beaucoup plus de vivres qu'il n'en faut à la subsistance des cultivateurs; et ce surplus est condamné souvent à n'en pas sortir, soit à défaut de rivières favorables à la navigation, soit à raison des dépenses trop fortes qu'exigent les charrois par terre. Aussi cette surabondance y produit-elle le bon marché des vivres; ce qui nécessairement encourage un grand nombre d'ouvriers à s'établir dans le voisinage, où leur industrie trouve mieux que par-tout ailleurs les nécessités de la vie, et même certaines commodités. Ils façonnent les matières qui sont le produit de la terre, et reçoivent une plus grande quantité de vivres et de provisions en échange de leur ouvrage fini, ou, en d'autres termes, du prix de cet ouvrage. Comme ils épargnent ce que le produit brut coûteroit en frais de transport, s'il falloit le conduire jusqu'aux rivières navigables, ou à quelque marché éloigné, ils donnent une nouvelle valeur à la surabondance de ce produit brut, pour lequel les cultivateurs reçoivent en échange quelque chose d'utile ou d'agréable, à bien meilleur marché qu'ils ne pouvoient l'avoir au paravant. Ceux-ci, à leur tour, vendent moins cher le surplus de leur produit, et achètent à plus bas prix les choses commodes dont ils ont besoin ; avantage qui leur donne et l'envie et la faculté d'augmenter le surplus de leur produit, par une culture plus soignée et plus étendue : et comme la fécondité de la terre a donné naissance aux manufactures, les progrès de celles - ci réagissant sur la terre sont cause qu'elle devient encore plus fertile. Les manufacturiers fournissent d'abord le voisinage ; et comme, par les progrès de l'industrie, leur ouvrage se perfectionne, ils fournissent ensuite à des marchés plus éloignés ; car si, d'une part le produit brut, et de l'autre l'ouvrage des manufactures grossières, ne peuvent supporter les frais d'un transport considérable par terre, il n'en est pas de même pour l'ouvrage des manufactures perfectionnées. Un petit volume contient souvent le prix d'une grande quantité du produit brut ; c'est ainsi, par exemple, qu'une pièce de drap du poids de quatre - vingts livres renferme le prix, non seulement de quatre - vingts livres de laine, mais quelquefois aussi de plusieurs milliers pesant de blé, c'est-dire, la subsistance des ouvriers, et des entrepreneurs qui les ont employés : tout ce blé qu'on n'auroit pu, sans d'excessives difficultés, transporter sous sa forme naturelle, voyage ainsi virtuellement sous la forme d'un ouvrage manufacturé, et passe aisément jusqu'aux extrémités du monde. Tels sont les progrès naturels, et comme spontanés, qui ont perfectionné les manufactures de Leeds, d'Halifax, de Sheffield, de Birmingham et de Wolverhampton. C'est de l'agriculture que sont nées des manufactures semblables. L'histoire moderne de l'Europe nous prouve que leurs progrès et leurs améliorations furent en général postérieurs à la naissance des entreprises qui sont dues au commerce étranger. Les draps fins, que l'Angleterre fabriquoit en travaillant les laines d'Espagne, avoient de la réputation plus d'un siècle avant que les manufactures dont je viens de rapporter les noms, et qui sont aujourd'hui dans un état florissant, eussent rien produit pour les ventes éloignées et pour les pays étrangers. Pour que celles-ci s'étendent et se perfectionnent, il faut l'extention et la perfection préalables de l'agriculture ; et ces deux avantages sont les derniers et les deux plus grands effets du commerce étranger, et des manufactures que ce commerce introduit immédiatement, ainsi que je vais l'expliquer.

CHAPITRE IV.

Comment le commerce des villes a contribué à l'amélioration des campagnes.

L'ACCROISSEMENT et la richesse des villes de commerce et de manufactures contribuèrent de trois manières différentes à l'amélioration et à la culture du territoire dont elles dépendoient.

Premièrement, elles encouragèrent à étendre et à perfectionner l'agriculture, puisqu'elles offrirent un prompt débit et ouvrirent un grand marché au produit brut de la contrée. Cet avantage ne fut point borné au territoire où ces villes étoient situées ; il s'étendit encore plus ou moins aux différens pays avec lesquels ces villes avoient quelque relation de commerce. Comme elles ouvroient à tous un marché où se débitoit une partie de leur produit ou brut ou manufacturé, elles donnoient à tous un encouragement favorable à leur industrie, et en facilitoient les progrès. Cependant le marché qu'offroient ces villes étoit nécessairement plus avantageux au territoire voisin. En effet, son produit brut étant moins grevé de frais de transport, les producteurs pouvoient en tirer un meilleur prix des marchands ; et les marchands de leur côté pouvoient le vendre aux consommateurs aussi bon marché que celui des cantons plus éloignés.

. Secondement, les habitans des villes employoient les richesses qu'ils avoient acquises à acheter les terres qui étoient à vendre, et ces terres étoient le plus souvent incultes. Or si la constante ambition du marchand est celle de devenir seigneur d'une terre, il est certain que du moment qu'il est arrivé à ce but, il devient ordinairement un excellent cultivateur. L'argent du marchand est presque toujours entièrement consacré à des projets utiles ; celui du simple gentilhomme, au contraire, s'use principalement en dépenses. Le marchand voit souvent son argent sortir de chez lui, mais il l'y voit aussi rentrer souvent avec bénéfice : le noble campagnard n'espère plus revoir le sien, dès qu'il est sorti de sa bourse. Ces différentes habitudes influent naturellement sur leur tempérament et leur caractère dans toutes leurs entreprises. Le marchand est ordinairement un entrepreneur hardi ,

le gentilhomme un entrepreneur timide. Le
premier ne craindra pas d'employer à la fois
un gros capital à l'amélioration de sa terre,
toutes les fois qu'il aura la perspective d'en
augmenter la valeur proportionnellement à
la dépense; mais si le second a quelque capital, ce qui arrive rarement, il n'osera pas
le destiner à cet emploi; et s'il améliore son
bien, ce sera moins avec les fonds d'un capital qu'avec les épargnes de son revenu annuel. Quiconque a vécu dans une ville
marchande, située au milieu d'un territoire
médiocrement cultivé, doit avoir souvent
observé combien de semblables opérations
sont plus animées chez les commerçans que
chez les propriétaires nés à la campagne et
qui y vivent de leur bien. D'ailleurs, l'habitude de l'ordre, de l'économie et de l'attention, habitude à laquelle les affaires du commerce plient nécessairement un marchand,
le rend bien plus capable d'exécuter avec
profit et avec succès toute espèce de projet
d'amélioration.

Troisièmement, enfin, le commerce et
les manufactures introduisirent par degrés
l'ordre et le bon gouvernement; ils introduisirent encore la liberté et la sûreté des
individus, bienfaits précieux et inconnus

jusqu'alors aux habitans de la campagne, qui vivoient presque toujours dans un état continuel de guerre avec leurs voisins, et dans une servile dépendance à l'égard de leurs seigneurs. Cet avantage est sans doute le plus important de tous ceux que l'on doit au commerce et à l'industrie, quoiqu'il ait été le moins observé. M. Hume est le seul écrivain, du moins si ma mémoire ne me trompe pas, qui, jusqu'ici, en ait fait mention.

Dans un pays privé de commerce étranger et de belles manufactures, il est naturel qu'un grand propriétaire qui ne trouve aucun débouché pour échanger la plus grande partie du produit excédent de sa terre, après avoir fourni à l'entretien des cultivateurs, consomme cet excédent dans ses propres foyers à tenir un grand état de maison. Si donc ce produit surabondant suffit pour entretenir cent ou mille hommes, le propriétaire le destinera nécessairement à cet usage. Il aura par conséquent toujours à sa suite une multitude de gens qui dépendront de lui; redevables entièrement de la vie et de l'habit à ses bienfaits, ils ne pourront le payer de retour que par une obéissance passive et absolument semblable à celle que rendent des soldats au prince qui les soudoie. Aujourd'hui il seroit difficile de se former une idée de l'hospitalité que les riches et les grands, depuis le souverain jusqu'au moindre baron, exerçoient en Europe avant l'extension du commerce et des manufactures. La salle de Westminster étoit la salle à manger de Guillaume le Roux; peut-être même étoit-elle souvent trop peu vaste, relativement au nombre de ceux qui y étoient assis. Peu s'en fallut que Thomas Becquet ne fût surnommé le Magnifique, parcequ'il avoit fait joncher de paille fraîche ou de joncs le plancher de sa salle, afin que les chevaliers et les écuyers, obligés de prendre par terre leurs repas, fussent moins exposés à gâter leurs habits. On prétend que le grand comte de Warwick nourrissoit tous les jours trente mille personnes dans ses différens domaines : quoique ce nombre puisse être exagéré, l'exagération même prouve qu'il étoit très considérable. On retrouvoit encore, il y a quelques années, dans différens endroits des montagnes d'Écosse, plusieurs exemples d'une semblable hospitalité. Elle paroît commune et naturelle à toutes les nations que n'enrichissent point le commerce et les manufactures. J'ai vu, dit le docteur Pocock,

un

un chef arabe dîner au milieu de la rue,
dans une ville où il venoit vendre son bétail ;
il invitoit indistinctement tous les passans et
même les mendians à s'asseoir auprès de
lui et à partager son banquet.

Les grands propriétaires avoient également
ment dans leur dépendance, et l'homme à
qui ils donnoient leurs domaines à cultiver,
et l'homme qu'ils menoient à leur suite. Le
premier, lors même qu'il n'étoit pas au
nombre des vilains, étoit un tenancier amovible à volonté, soumis à payer une redevance dont la valeur étoit inférieure à la
subsistance que lui fournissoit la terre. Un
écu, un demi-écu, une brebis, un agneau
formoit, il y a quelques années, dans les
montagnes d'Écosse, la rente ordinaire
d'une terre qui suffisoit à nourrir une famille
entière. Il en est encore de même aujour-
d'hui en quelques endroits ; là, non plus
qu'en d'autres lieux, l'argent n'acheteroit
pas une plus grande quantité de marchandises. Souvent même, dans une contrée où
l'excédent d'un vaste domaine doit être consommé sur le sol même, le propriétaire
trouve plus commode de faire consommer
une portion de cet excédent à une certaine
distance de son manoir, pourvu toutefois

Tome II. T

que les consommateurs ne soient pas moins
dans sa dépendance que sa maison et son
domestique. Ce moyen lui épargne l'embarras d'avoir sans cesse autour de lui une
foule trop nombreuse. Un tenancier qui est
amovible à volonté, et qui, moyennant une
rente un peu plus forte qu'un écu, entretient sa famille des fruits de la terre qu'on
lui a cédée, ce tenancier, dis - je, est aussi
bien qu'un serviteur et un gagiste dans la
dépendance du propriétaire : du moins lui
doit - il une égale obéissance. Ce propriétaire ne nourrit-il pas en effet à ses dépens
et ses serviteurs et ses tenanciers, les uns
chez lui, les autres chez eux? Leur subsistance commune, ils la tiennent de sa bonté;
et la durée de cette bonté dépend de son
bon plaisir.

L'autorité, que cet ordre de choses donnoit nécessairement aux grands propriétaires sur leurs tenanciers et sur les gens de
leur suite, servit de fondement au pouvoir
des anciens barons; ceux-ci devinrent naturellement les juges pendant la paix, et les
chefs pendant la guerre, de quiconque vivoit sur leurs terres. Ils pouvoient maintenir
l'ordre, et donner vigueur à la loi dans
cent domaines particuliers, parcequ'il étoit

en leur pouvoir d'armer la force de tous contre l'injustice d'un seul. Il n'existoit alors dans aucune autre main, pas même dans celle du roi, assez d'autorité pour cela. Le roi n'étoit guère alors que le plus grand des propriétaires de son royaume ; et si les autres lui rendoient certains hommages, ce n'étoit qu'en vue d'une défense commune contre de communs ennemis. Si le souverain, dans les domaines d'un grand propriétaire, où tous les habitans étoient armés et accoutumés à se soutenir l'un l'autre, eût voulu contraindre de sa propre autorité un particulier au paiement d'une petite dette, cette entreprise lui auroit coûté presque autant d'efforts que s'il eût été question d'éteindre une guerre civile. Aussi, dans la plus grande partie du royaume, étoit-il contraint d'abandonner l'administration de la justice à ceux qui étoient en état de l'administrer, et, par la même raison, de laisser le commandement de la milice du pays à ceux auxquels cette milice vouloit bien obéir.

C'est une erreur que d'aller chercher dans le système féodal l'origine des justices seigneuriales. Non seulement les plus hautes justices, soit civiles, soit criminelles, mais encore le pouvoir de lever des troupes et de

battre monnoie, et jusqu'à la puissance de
faire des statuts pour le gouvernement des
peuples, étoient des droits dont les grands
propriétaires jouissoient allodialement plusieurs siècles avant que l'Europe connût
même le nom de la loi féodale. La jurisdiction des seigneurs saxons en Angleterre paroît avoir été aussi étendue avant la conquête
de Guillaume, qu'après cette même conquête le fut la jurisdiction de quelques seigneurs normands. C'est un fait indubi-
table qu'en France les jurisdictions les plus
étendues étoient possédées allodialement
par les grands seigneurs, long-tems avant
que le systême féodal eût été introduit dans
ce royaume. Cette possession étoit une
suite nécessaire de l'état où se troúvoient et
la propriété et les mœurs dont je viens de
parler. Il n'est pas nécessaire, pour en trouver la preuve, de fouiller dans les monumens antiques soit de la France soit de l'Angleterre ; des tems plus voisins de nous le
démontrent assez : il n'y a pas trente ans
encore que M. Cameron de Lochiel, gentilhomme de Lochabar, en Écosse, exerçoit,
sans aucune mission légale, la jurisdiction
la plus haute au criminel sur tous les individus de ses domaines. Il n'étoit ni seigneur

relevant directement de la couronne, ni même tenancier en chef. Simple vassal du duché d'Argyle, il n'étoit pas même juge de paix. Cependant il prononçoit souverainement sans aucune des formalités exigées par la justice, quoique néanmoins avec une grande équité. D'ailleurs, il est assez probable que le maintien de la tranquillité publique, dans cette partie de la contrée, lui faisoit une nécessité de prendre cette autorité. Ce gentilhomme, dont le revenu annuel n'alla jamais au-delà de cinq cents livres sterling, entraîna, en 1745, huit cents de ses voisins dans sa rebellion.

Bien loin que l'introduction du systême féodal ait contribué à étendre l'autorité des grands seigneurs, il est probable qu'on s'en servit plutôt comme d'un moyen inventé pour diminuer cette même autorité. La féodalité établit en effet une subordination régulière. Ce fut une longue chaîne de devoirs et de services, qui commençoit au roi et se terminoit au dernier des propriétaires. Quand le propriétaire étoit mineur, la rente et l'administration de ses terres étoient dévolues à son supérieur immédiat. Par conséquent celles des grands propriétaires passoient dans les mains du roi, qui, en sa qualité

de tuteur, étoit chargé, d'une part, de l'entretien et de l'éducation de chacun de ses
pupilles, et qui, de l'autre, avoit le droit de
les marier, pourvu que ce fût d'une manière
convenable à leur rang. Mais en vain cette
institution eut pour but de fortifier l'autorité du roi et d'affoiblir celle des grands
propriétaires; elle ne l'atteignit jamais assez
pour établir l'ordre et la sagesse d'un bon
gouvernement parmi les habitans des cam-
gnes, parcequ'elle ne fut pas capable de
changer l'état de la propriété, et les mœurs
sur-tout, d'où naissoit le désordre. L'autorité du gouvernement fut encore ce qu'elle
étoit auparavant, trop foible dans le chef,
et trop forte dans les membres. Ce fut même
la force des membres qui fit la foiblesse du
chef. La féodalité une fois établie, le roi ne
pouvoit plus, comme auparavant, restreindre la violence des grands seigneurs. On continua à les voir, selon leurs caprices, toujours en guerre les uns contre les autres, et
très souvent contre le roi; et les campagnes, livrées aux combattans, n'offrirent
plus qu'une scène de désordres, de violences
et de rapines.

Mais ce que n'avoit pu faire l'institution
du système féodal, devint l'effet graduel des

opérations lentes et insensibles du commerce étranger et des manufactures. Ce double ressort fournit par degrés aux grands propriétaires le moyen d'échanger tout le produit surabondant de leurs terres contre d'autres productions qu'ils pouvoient consommer eux-mêmes, sans en rien partager avec leur maison et leurs tenanciers. TOUT POUR SOI, ET RIEN POUR AUTRUI, semble avoir été, dans tous les pays et dans tous les siècles, la vile maxime des maîtres du genre humain. Aussi, dès qu'ils purent trouver le moyen de consommer eux-mêmes toute la valeur de leurs rentes, furent-ils disposés à ne plus la partager avec les autres. Pour une paire de boucles de diamans, ou pour quelque autre chose non moins inutile et non moins frivole, ils cédèrent l'entretien, ou, en d'autres termes, le prix de l'entretien annuel de mille hommes, et dès lors toute l'importance et toute l'autorité qu'ils en retiroient. Cependant les boucles devoient être à eux seuls, et nulle autre créature humaine n'y devoit avoir aucune part. Dans l'ancienne manière de dépenser, au contraire, il falloit qu'ils partageassent leurs jouissances au moins avec mille personnes. Placés entre ces deux méthodes opposées de dépenses, tous ceux qui eurent à choisir ne balancèrent pas à se décider pour la première; et c'est ainsi qu'ils échangèrent tout leur pouvoir et toute leur importance contre la plus puérile, la plus basse et la plus sordide de toutes les vanités.

Dans un pays où il n'existe ni commerce étranger, ni belles manufactures, un homme riche d'un revenu annuel de dix mille livres sterling ne peut guère employer ce revenu qu'à entretenir environ mille familles, qui sont toutes nécessairement dans sa dépendance; au lieu que, dans l'état actuel de l'Europe, il peut dépenser et dépense en général cette somme, sans pouvoir entretenir directement vingt personnes; à peine est-il assez riche pour commander à dix valets qui ne valent pas la peine qu'on leur commande. Il est vrai qu'il contribue peut être à l'entretien indirect d'un nombre d'hommes aussi grand ou même plus grand que celui des individus dont, suivant l'ancienne méthode de dépenser, il eût été le nourricier: car quoique la quantité des productions précieuses contre lesquelles il échange son revenu soit peu considérable, néanmoins le nombre des mains qui furent employées, soit à les recueillir, soit à les préparer, doit avoir été nécessairement fort grand; aussi le prix de ces productions n'est-il en général aussi cher, que parcequ'il faut un salaire aux ouvriers, et un bénéfice à ceux qui les mettent en œuvre. Lors donc qu'il paie ce prix, il paie indirectement et ces bénéfices et ces salaires, et il contribue de même à l'entretien et de l'entrepreneur et du journalier. Cependant il n'entre en général que pour une très foible portion dans l'entretien de chacun de ces individus. Quelques uns ne reçoivent de lui qu'un dixième ; ceux-ci qu'un centième ; ceux-là ne lui doivent pas le millième, ni même le dix-millième de leur entretien annuel. Ainsi, quoiqu'il contribue à celui de tous, ils sont tous plus ou moins indépendans de lui, parcequ'ils peuvent tous en général s'entretenir sans lui.

Lorsqu'un grand propriétaire dépense son revenu à entretenir ses suivans et ses tenanciers, chacun d'entr'eux lui est redevable sans doute de son entretien tout entier ; mais lorsqu'il le dépense en faveur des marchands et des artisans, ceux - ci, considérés tous ensemble, sont en aussi grand nombre que les individus qu'il nourrissoit auparavant ; peut-être même sont-ils plus nombreux, attendu le dégât et le gaspillage qui suivent l'hospitalité champêtre. Cepen-

dant chacun de ces grands propriétaires,
pris séparément, ne contribue souvent que
pour une très foible portion à l'entretien
des divers individus qui composent ce grand
nombre. Chaque marchand, chaque artisan
tire sa subsistance de la consommation ou
des besoins, non d'une, mais de cent ou
de mille pratiques différentes. Quoique redevable à toutes en général, il ne dépend
absolument d'aucune en particulier.

La dépense personnelle des grands propriétaires s'étant ainsi augmentée par degrés, il étoit impossible que le nombre de
leurs suivans ne diminuât pas de même,
jusqu'à ce que ceux-ci fussent tous renvoyés.
La même cause a dû réduire par degrés le
nombre des tenanciers à ceux qui étoient
indispensablement nécessaires. Les fermes
furent agrandies, et les cultivateurs, malgré les plaintes répétées contre cette cause
de la dépopulation des campagnes, y furent
réduits aux seuls bras nécessaires à l'agriculture imparfaite et grossière de ces tems-
là. En supprimant les bouches inutiles, et
en exigeant des fermiers toute la valeur de
ses domaines, le propriétaire obtint un excédent, ou, ce qui est la même chose, le prix
d'un excédent plus considérable: les mar-

chands et les artisans lui fournirent l'occasion de le dépenser sur sa personne, ainsi qu'il avoit précédemment dépensé la première valeur. La même cause continuant d'agir, il souhaita de grossir ses rentes au-delà de ce que pouvoient fournir ses terres dans l'état actuel de leur amélioration. Les tenanciers ne pouvoient adhérer à cette demande qu'à une seule condition: ils demandèrent à leur tour que la possession des terres leur fût assurée pour un plus grand nombre d'années, afin d'avoir le tems de recouvrer avec bénéfices tout ce qu'ils avanceroient dans l'espoir de forcer la terre à rendre encore davantage. La vanité dispendieuse du propriétaire fit accepter cette condition; et de là naquirent les longs baux.

Il n'est pas même jusqu'à un tenancier amovible à volonté, qui, lorsqu'il paie l'entière valeur de la terre, ne soit, à quelques égards, indépendant du propriétaire. Les avantages pécuniaires dont ces deux hommes sont redevables l'un envers l'autre sont égaux et réciproques; et un tenancier de cette classe n'exposera ni sa vie, ni sa fortune au service du propriétaire; mais s'il a un bail d'un grand nombre d'années, il est entièrement indépendant; et le propriétaire ne

doit pas même espérer de lui le plus léger service au-delà, ou de ce qui est expressément
stipulé par le bail, ou de ce qui est imposé
par la loi commune et connue du pays.

Ainsi les grands propriétaires, après avoir
rendu leurs tenanciers indépendans, et avoir
donné congé à leur nombreuse suite, ne furent plus en état ni d'interrompre le cours
régulier de la justice, ni de troubler la paix
de la contrée. Comme ils avoient vendu
leur droit d'aînesse, non pas ainsi qu'Ésaü
pour un plat de lentilles, dans un tems de
nécessité et de famine, mais dans un excès
d'abondance, pour des bagatelles et des babioles plus propres à servir de jouet à des
enfans qu'à occuper sérieusement des hommes, ils devinrent aussi insignifians, et ne
figurèrent pas davantage qu'un bourgeois
ou un riche marchand dans une ville. Il s'é-
tablit dans les campagnes, ainsi que dans les
villes, un gouvernement régulier, personne
n'ayant assez de puissance pour en troubler
nulle part les opérations.

Peut-être ce que je vais dire est-il étranger à mon sujet; mais je ne puis m'empêcher de remarquer qu'on trouve bien rarement dans les contrées commerçantes de
ces anciennes familles qui, de père en fils,

et durant plusieurs générations successives, ont conservé un domaine considérable. Ces familles, au contraire, sont très communes dans les pays qui ont peu de commerce, tels que la province de Galles et les montagnes d'Écosse. Les histoires arabes sont pleines de généalogies; et nous possédons un ouvrage qui, écrit par un Kan tartare, et traduit en plusieurs langues européennes, n'offre presque rien autre chose; preuve incontestable que parmi ces nations les anciennes familles sont très connues. Par-tout où un homme riche ne peut dépenser son revenu qu'en faisant subsister autant d'hommes qu'il est en son pouvoir d'en entretenir, il n'est pas à craindre qu'il prodigue son bien, ni qu'il permette à sa bienfaisance d'aller au-delà de ses moyens. Mais par-tout où il pourra en dépenser la plus grande partie sur sa personne, vous le verrez ordinairement ne mettre aucunes bornes à sa dépense, parcequ'il n'en met aucune à sa vanité, vu l'amour qu'il a pour sa personne. Aussi, dans les pays commerçans, les richesses restent-elles rarement fixées dans les mêmes familles, malgré les réglemens les plus violens, inventés pour arrêter la dissipation des richesses; tandis que chez les nations

où règne la simplicité, on voit, sans l'inter-
vention d'aucune loi, la fortune des familles durable et constante : car, chez les peuples pasteurs, tels que les Arabes et les Tar-
tares, la nature de leurs propriétés rend nécessairement tous ces réglemens impossi-
bles.

C'est ainsi que l'Europe fut redevable
d'une révolution de la plus grande importance à deux classes d'hommes qui n'avoient
nullement en vue le bien commun de la société. Les grands propriétaires furent guidés
par le seul motif de satisfaire à la vanité la
plus puérile ; les marchands et les artisans,
bien moins ridicules, n'agirent qu'en vue
de leur propre intérêt, et conformément
à ce principe des petits marchands, de gagner un sou toutes les fois qu'on peut le
gagner. Aucun individu de ces deux classes
ne sut ni sentir ni prévoir la grande révolution qu'ameneroient par degrés la folie des
uns et l'industrie des autres.

Le commerce et les manufactures des villes furent donc, dans la plus grande partie
de l'Europe, la cause et non l'effet de l'a-
mélioration et de la culture des campagnes.

Cependant, comme cet ordre est contraire
au cours naturel des choses, les progrès en

furent nécessairement lents et incertains. Comparez-en la marche tardive dans les états de l'Europe dont la richesse est due en grande partie à l'action du commerce et des manufactures, avec la rapidité qu'on lui a vu prendre dans les colonies septentrionales de l'Amérique, dont toute la richesse est née de l'agriculture ; vous verrez, d'une part, qu'il ne faut pas moins de cinq siècles à la plus grande partie des états de l'Europe pour doubler le nombre de leurs habitans ; et, de l'autre, qu'il suffit à nos colonies américaines de vingt ou de vingt-cinq années pour arriver à ce doublement de population. En Europe, la loi de primogéniture et les différentes espèces de perpétuités arrêtent le partage des grandes propriétés, et empêchent de s'étendre le nombre des petits propriétaires. Cependant un petit possesseur, qui connoît chaque partie de son modique territoire, qui la voit de cet œil d'amour qu'inspire naturellement la propriété, sur-tout lorsqu'elle est bornée, et qui, par cela même, met son plaisir, non seulement à la cultiver, mais à l'embellir, ce possesseur, dis-je, est de tous les cultivateurs celui qui déploie le plus d'industrie, le plus d'intelligence, et dont les travaux sont le mieux récompensés du succès.

D'ailleurs ces mêmes loix retiennent tant de biens-fonds hors du commerce, qu'il y a toujours plus de capitaux pour acheter de terres, qu'il n'y a de terres à vendre, en sorte que celle qui est vendue, l'est toujours à un prix qui tient du monopole. De plus, la rente ne paie jamais l'intérêt de l'argent que l'achat a coûté. Enfin elle se trouve encore grevée des frais de réparation et de toutes les autres charges accidentelles dont l'intérêt de l'argent n'est jamais affecté. Il est vrai qu'un homme qui se retire des affaires avec une fortune médiocre aimera mieux, pour plus de sûreté, la convertir en un fonds de terre : souvent encore un homme qui, d'une part, exerce une profession, et qui, de l'autre, jouit de quelque revenu, préfère de placer de même ses épargnes. Mais supposons un jeune homme qui, au lieu de se livrer au commerce ou à toute autre profession, emploieroit un capital de deux ou trois mille livres sterling à acheter et à cultiver une petite terre, sans doute cet individu pourroit se flatter de vivre heureux et indépendant ; mais il faudroit qu'il renonçât pour toujours à l'espérance d'arriver à une grande fortune, ou à une grande illustration, auxquelles cependant il pouvoit prétendre comme

tant

tant d'autres, en donnant un autre emploi à ses fonds. D'ailleurs, tel homme qui ne peut se promettre de devenir jamais propriétaire, dédaignera toujours d'être fermier. Ainsi donc le petit nombre des terres qui sont à vendre et le haut prix qu'il faut en donner empêchent qu'on n'emploie à les améliorer un grand nombre de capitaux, qui, sans cet obstacle, auroient pris une semblable direction. Dans l'Amérique septentrionale, au contraire, cinquante ou soixante livres sterling forment souvent un fonds qui suffit pour commencer une plantation. Là, acheter une terre inculte et l'améliorer, c'est faire des capitaux, les plus petits comme les plus grands, l'emploi le plus profitable, et s'ouvrir le chemin le plus direct à toute la fortune et à toute l'illustration qu'on puisse prétendre dans cette contrée. Il est vrai que ces sortes de terres y sont données presque pour rien, ou du moins à un prix bien inférieur à la valeur de leur produit naturel ; avantage qu'il est impossible de trouver, soit en Europe, soit dans tout autre pays où la terre est partagée depuis long - tems en propriétés particulières. Cependant, si, à la mort d'un propriétaire qui laisse après lui une nombreuse famille, tous ses biens fonds

étoient également partagés entre tous ses enfans, la totalité de ses biens seroit ordinairement vendue. Il entreroit alors tant de
terres dans le commerce, que le prix du monopole n'existeroit plus : la rente libre seroit
plus près de l'intérêt de l'argent, et un modique capital, employé à acheter de la terre, deviendroit par là aussi profitable qu'il pourroit l'être employé de toute autre manière.
L'Angleterre, par la fertilité natūrelle de
son sol, la grande étendue de ses côtes maritimes, relativement à celle de l'isle entière,
ainsi qu'à raison du grand nombre de rivières navigables qui la traversent et qui fournissent à plusieurs de ses parties intérieu-
res un transport commode et facile, l'Angleterre est peut-être aussi propre qu'un autre
État de l'Europe à devenir le siège du commerce étranger, des manufactures qui travaillent pour fournir les marchés éloignés,
et de toutes les améliorations qui peuvent
naître de ces deux causes. D'ailleurs, dès le
commencement du règne d'Elisabeth, la lé-
gislation s'appliqua spécialement à favoriser les intérêts du commerce et des manufactures : et en effet il n'est aucun pays en
Europe, sans même en excepter la Hollande, où la loi soit en général plus favorable

à cette sorte d'industrie. Aussi le commerce
et les manufactures ont-ils fait sans cesse des
progrès depuis Elisabeth jusqu'à nous. La
culture et l'amélioration des terres ont suivi
sans doute la même marche progressive, mais
comme de loin et plus lentement. Il est probable qu'avant Elisabeth, la plus grande partie des terres étoit cultivée; et cependant il
reste encore en Angleterre un grand nombre
de terreins incultes, tandis que la plupart de ceux qui sont cultivés n'ont pas encore atteint tout le degré possible d'amélioration. Cependant les loix d'Angleterre fa-
vorisent l'agriculture, non seulement d'une
manière indirecte, par la protection qu'elles
donnent au commerce, mais encore d'une manière immédiate, par divers encouragemens.
Si vous exceptez les tems de disette, l'exportation des grains est libre et même encouragée par des gratifications. Dans les
tems d'une abondance modérée, l'importation des blés étrangers est chargée de droits,
qui équivalent à une prohibition. L'importation du bétail vivant qui n'arrive pas de l'Irlande, fut défendue dans tous les tems; et
ce n'est que depuis peu qu'elle a été permise.
Ceux qui cultivent la terre ont donc sur
leurs conçitoyens l'avantage d'un monopole

pour les deux articles les plus considérables
et les plus importans du produit territorial,
je veux dire le pain et la viande de boucherie.
Ces encouragemens, quoique peut-être tout-
à-fait illusoires, quant au fond, ainsi que
je tâcherai de le prouver, démontrent du
moins suffisamment que les loix de l'Angleterre ont eu l'intention de favoriser l'a-
griculture. Mais, sur-tout, ce qui est d'une
toute autre importance, les laboureurs, en
Angleterre, jouissent de toute la sûreté, de
toute l'indépendance et de toute la considération que la loi peut accorder. Aussi
n'est-il aucune des contrées où le droit de primogéniture existe, où l'on prélève des dî-
mes et où les substitutions sont admises en
certains cas, quoique contraires à l'esprit
de la loi; aussi, dis-je, n'est-il aucune contrée qui, plus que l'Angleterre, ait donné
des encouragemens à l'agriculture. Si donc
celle-ci est loin encore de sa perfection, que
seroit - elle si la loi ne lui eût donné d'autre encouragement que celui qui naît immédiatement des progrès du commerce,
et si elle eût laissé les laboureurs dans la
condition dédaignée où ils languissent dans
la plupart des autres contrées de l'Europe?
Depuis le commencement du règne d'Elisa-

beth jusqu'à nous, il s'est écoulé plus de deux cens ans, c'est-à-dire la période de tems la plus longue que la prospérité nationale puisse parcourir.

La France paroît s'être livrée heureusement au commerce étranger, plus d'un siècle avant qu'on ait vu l'Angleterre se distinguer comme nation commerçante. La marine françoise avoit de l'importance, selon l'opinion du tems, avant que Charles VIII fût passé en Italie. Cependant l'agriculture en France est beaucoup plus négligée qu'en Angleterre, parceque les loix ne lui ont pas accordé directement la même faveur. Le commerce étranger que l'Espagne et le Portugal entretiennent avec les autres parties de l'Europe est considérable, quoiqu'il se fasse à l'aide des vaisseaux étrangers. Celui qui les unit l'une et l'autre avec leurs colonies, n'emploie que des bâtimens nationaux; et il est beaucoup plus important, à cause de l'étendue et du grand nombre de leurs colonies. Mais il n'a jamais introduit dans l'une ou dans l'autre de ces contrées aucune de ces grandes manufactures qui travaillent pour les ventes éloignées; et la plus grande partie de ces deux royaumes est restée dans un état encore inculte. Le commerce étranger

du Portugal remonte à une époque plus ancienne que celui d'aucun État de l'Europe ,
si nous en exceptons l'Italie. Celle - ci est
peut-être le seul grand Etat européen qui ,
dans toutes ses parties, ait été cultivé et
amélioré à l'aide du commerce étranger et
des manufactures destinées à fournir des
pays lointains. Avant l'invasion de Charles VIII, les montagnes et les lieux les plus
fertiles , suivant Guichardin , étoient aussi
bien cultivés en Italie que les plaines et les
parties les plus fécondes. Un pays aussi
avantageusement situé , et partagé en un
grand nombre d'Etats indépendans , dut nécessairement appeller cette culture générale;
peut-être aussi que, malgré l'opinion d'un
des historiens modernes les plus judicieux
et les plus réservés, peut - être que l'Italie
n'étoit pas alors mieux cultivée que l'Angleterre ne l'est aujourd'hui.

Cependant ce capital que le commerce et
les manufactures donnent à un pays n'est
qu'une possession incertaine et précaire jusqu'au moment où l'industrie en a assuré et
réalisé une partie dans la culture et l'amélioration du territoire. On a dit, et c'est
avec grande raison, qu'un marchand n'est
citoyen d'aucun pays en particulier : tous

les lieux lui sont assez indifférens, s'il peut
y établir le centre de son commerce, et il ne
lui faut souvent qu'un léger dégoût pour l'en-
gager à transporter, d'un pays à un autre,
son capital, et tout à la fois l'industrie que ce
capital mettoit en activité. On ne peut dire
qu'un fonds appartienne spécialement à une
contrée particulière, à moins qu'il n'y soit répandu, pour ainsi dire, sur la face de la terre,
soit en bâtimens, soit en cultures et en améliorations durables. De toutes ces grandes
richesses qui furent, dit-on, possédées par les
villes anséatiques, il ne reste de vestige aujourd'hui que dans l'histoire obscure du treizième et du quatorzième siècles ; on n'est
pas même assuré de la place que quelques
unes de ces villes occupoient, et l'on ne sait
trop à quelle cité de l'Europe conviennent
les noms latins qu'on donnoit aux premières. Mais quoique les malheurs qui, vers la
fin du quinzième et au commencement du
seizième siècles, désolèrent l'Italie, ayent
considérablement diminué le commerce de
la Lombardie et de la Toscane, néanmoins
ces deux provinces continuent à en être la
contrée la plus populeuse et la mieux cultivée de l'Europe. A l'aspect des guerres civiles et du gouvernement espagnol qui

leur succéda, la Flandre vit le commerce
s'exiler d'Anvers, de Gand et de Bruges ;
mais la Flandre est encore l'une des parties
de l'Europe où il y ait tout à la fois et une
grande richesse, et une population nombreuse, et une culture soignée. Les sources de l'opulence sont aisément taries par
les révolutions ordinaires de la guerre et
du gouvernement ; mais les améliorations
de l'agriculture ont une existence plus solide et plus durable. Il faut, pour les dé-
truire, des secousses et des convulsions
plus violentes : il faut ces déprédations que
des hordes ennemies et barbares prolon-
gent pendant un siècle ou deux ; telles,
en un mot, que celles dont les provinces
occidentales de l'Europe furent le théâtre et
le jouet, quelques tems avant et quelques
années après la chûte de l'empire romain.

Fin du tome second.